實戰智慧館 460

QBQ! 的 5 項修練

實踐個人擔當，創造人生優勢

Flipping the Switch

Unleash the Power of Personal Accountability Using the QBQ!™

約翰・米勒（John G. Miller）著

吳鴻　譯

新版推薦文一

QBQ帶我及工作團隊邁向卓越之路

李靖文（台南晶英酒店總經理）

若干年前閱讀了《QBQ！問題背後的問題》時，引起了我內心相當大的共鳴——我不能改變他人，但可以調整自己。不論在個人或工作上遇到困難或挫折時，我就會不斷運用書裡的原則來面對真正的問題，並問出更恰當的問題，以求改變現狀。尤其在受到挫折時，運用QBQ往往能重新引動自己的熱情，轉而正向貢獻，而不是出言抱怨。我發現，當把問題的重點放在「我能做什麼」或者「還能做什麼對解決問題有幫助」，並非怨天尤人、怪罪他人或環境，而是找出可以施力的點，透過實際行動解決問題，很神奇的，竟然一步步迎刃而解，逐漸朝目標邁進，獲致成功。

內化的QBQ，影響無限

在我個人成長及帶領工作團隊前進的道路上，充分領略到「實踐個人擔當，比不這麼做的人更有機會成功」。所以在帶領台南晶英團隊的過程，我以身作則，運用「實踐個人擔當」的態度去影響並帶領我的團隊。我們在工作上運用QBQ及實踐個人擔當態度一段時間之後，並因此內化為我們的企業文化時，發現所得到的成果比原先期望的還多得多。

其實，運用QBQ及實踐個人擔當早已經在我身上內化，只是從未用任何原理或準則來解釋我的行為模式和決策邏輯，直到遠流出版公司邀請我閱讀《QBQ！的5項修練》一書，才發現台南晶英的企業文化和服務精神與書中所提的概念不謀而合。而追本溯源，就是若千年前《QBQ！問題背後的問題》這本書在我的腦海裡種下的籽。因為持續灌溉、修練，得以在現階段結下果實。

善用QBQ，開啟人生優勢

如果QBQ是一種工具，協助各階層領導人實踐個人擔當，那麼《QBQ！的5項修練》這本書將進一步協助我們善用QBQ啟動個人的動力開關，釋放個人擔當的力量，並透過「學習」、「負責」、「創意」、「服務」及「信任」這五項修練獲得人生優勢。書中分享了許多活生生的例子與應用，告訴讀者這些原則如何為我們的每一件事帶來強大的力量，並在人生的每個領域中造就不同優勢。

誠摯推薦這本書給所有想要追求卓越的個人與團隊，只要掌握QBQ的五個優勢原則，你也將同時開啟人生極大的優勢。

新版推薦文二

QBQ的真實案例與憲場觀點

謝文憲（知名講師、作家、主持人）

近年來，我在企業內部的指標課程「當責」，終於有一套課後實踐的實用書籍出版了。

真實案例

年初因為推薦了《QBQ！問題背後的問題》的三十萬冊紀念版，並有幸進入國內一家金控集團的商業銀行進行為期半年的當責輔導，其中我負責的是「內部講師當責課程的傳授，以及教學手法的設計與導入」。

課程導入對我來說並不困難，難的是「員工與內部講師對於當責的抽象與實務運用莫衷一是」，於是我推薦了《QBQ！問題背後的問題》一書，當做課程延伸書籍。

對於這個輔導案來說，QBQ的確幫助我在教學上推波助瀾。但觀念導通了，實務落地的做法必須要有系統、架構、可遵循的標準來引導，才能讓全行有一致性的標準依循。《QBQ！的5項修練》就是最佳解決方案。

憲場觀點

五項修練分別是「學習」、「負責」、「創意」、「服務」、「信任」。容我特別談談「學習」。

在「學習」篇章中，特別提到五個「學習的障礙」，我深有同感：

一、例外心態
二、預期心理
三、應得權利
四、經驗陷阱
五、排斥心理

我的工作與作者相似，每天面對的場景也大同小異，我爸那一輩常提到的「活到老，學到老」，到我這一輩必須因應「學到老，才能活到老」，然而面對學習的窘境與障礙，上述五個學習障礙所提到的例子，活生生給了我一記當頭棒喝。

學習往往是「上課有點心動，下課沒有行動，教材收著冷凍，效果令人心痛」，我們當然期望能創造「上課有點心動，下課立即行動，教材複習應用，效果人人稱頌」。這兩個境界的差別就在「先問what與

how」、「把我放進來」，以及「聚焦在行動」這三個觀念，無論放在學習或是其他領域，皆能適用。

而我在企業導入有效學習與領導管理的領域時，最常被問到的問題就是：「推動正向行動力、當責精神、QBQ，都是老闆要壓榨我們所用的手法啦，憲哥你不要成為公司的打手！」要不然就是：「我哪有這麼多時間做這麼多事？」

其實我想說的是：「QBQ或當責精神是一種態度、價值觀，或者我說它是職場工作向上攀升的梯子。你會用到梯子，一定是在低處往高處爬行的過程中遇到阻礙，非得藉由工具才能達到。當然你也可以選擇繼續留在低處，沒人會怪你，但低處的風景與工作型態畢竟與高處不同，你可以自由選擇。」

我笑著說：「當然，你也可以選擇裝上翅膀。」

通常這些話一說完，學員就會笑著離開現場。我不知道他們心中真實的想法為何，但我可以確定的是：負起責任，解決問題，絕對是職場工作者展現價值、向上攀升的最佳途徑。

對於「職場與生命的開關」，當然你也可以選擇始終關閉，無須啟動，但千萬不要等到你的同儕與夥伴不斷向上攀升時，自己再來後悔不已。

《QBQ！的5項修練》會是推動員工當責精神與正向行動力的最佳應用與落地書籍。

然而，我覺得對自己最有用。

QBQ! 的 5 項修練

實踐個人擔當，創造人生優勢

目錄

優勢原則二：負責

優勢原則三：創意

QBQ 1

QBQ優勢原則

首先，請看以下的故事：

我親身體驗到了個人擔當的影響力有多大。最近，我收到新主管給我的第一次年終評核。我們的機構是一家大型金融保險公司，員工可能達到的績效最高考核等級是「優」。我的主管一開場就說，十五年來，他從不曾給任何人「優等」，「但是你的表現實在太亮眼了，所以我今年要給你打『優等』，我希望能有十幾個像你這樣的部屬！」

此外，他還寫了評語：「始終專心處理問題，設法改善現狀。很少批評其他人的表現，而是努力改善部門內的溝通、了解狀況，並且增強個人能力。」

我真的不知道該說什麼，但在那時候，我才明白《QBQ！問題背後的問題》這本書對我的幫助有多大。開始接任新職位的時候，我剛好讀到這本書，立刻引起我心底的共鳴。我將書裡的訓誡銘記在心，隨時提醒自己如何問出更恰當的問題，改善眼前的狀況。受到挫折時，QBQ協助我重新引導自己的情緒，轉向出力貢獻而不是出言抱怨；找出自己可以出力的部分，隨即採取行動，這讓我更有幹勁。一年後的現在，老闆對我的努力讚譽有加。這種感覺真是太美妙了！

這個故事是比爾提供的，他是某大保險公司的中階主管，也是

《QBQ！問題背後的問題》的讀者。他的例子說明了只要有人「啟動開關」，就會產生不可思議的影響力量。啟動開關意謂著問QBQ（換句話說，問「問題背後的問題」，我們會在下一章〈問更好的問題〉更詳細地討論QBQ的方法）。簡單地說，**運用QBQ並且實踐個人擔當的人，比起不這麼做的人更有機會成功**。我逐漸體會到，這是一種「QBQ優勢」。雖然比爾的例子主要是在職場上取得優勢，但是，在我們人生中的每個領域，QBQ和個人擔當都能帶來類似的優勢。

在這本書中，我們將會探討QBQ的五個優勢原則，也就是引導我們行為準則的最基本概念或價值觀。這五個QBQ優勢原則就是：

學習

負責

創意
服務
信任

當然，這些並不是什麼新道理，大家也都知道，實踐這些原則可以改善人生。大家比較陌生的，也是我們在本書中將要探討的，就是個人擔當與ＱＢＱ和以上各項原則之間的關係。我們將會說明，想要在生活中修練這些優勢原則，「運用ＱＢＱ並且實踐個人擔當」可能是最有效的策略。

但是，問ＱＢＱ為什麼會像啟動開關呢？請想像一下，當你啟動電燈開關的時候會發生什麼事。這實在太尋常了，你大概連想都沒想過：啟動開關的時候，你就會解除障礙，也就是釋放出一種電子的流動（稱為「電流」）。這種流動的能量會在一瞬間抵達燈泡，讓它亮起來。雖然燈泡是由電流點亮的，但啟動開關才是最基本的第一步。

同樣地，問「問題背後的問題」也是實現優勢原則所不可或缺的第一步。個人擔當是推動這些原則的力量，但QBQ是真正促使我們採取有擔當的想法和做法的開關。反過來說，我們切掉開關的時候，燈泡很快就會暗下來。一旦我們失去擔當（只會指責、抱怨、滿懷受害者的想法，或是拖延），也就同時停止了學習、負責任、採取有創意的行動，或是為他人服務。而且，我們剛剛和別人建立起來的信任，也會很快消失不見。

因此，就是這五大原則（學習、負責、創意、服務及信任），能夠帶給我們的人生極大優勢，但前提是要實踐個人擔當，而QBQ剛好可以幫助我們做到這一點。

然而，單純閱讀關於個人擔當的書籍，並不能實現優勢原則。個人擔當完全是一種行動、一種修練，每天時時刻刻都在做更妥善的選擇。在本書中，我們會聽到許多人的故事，就像比爾這樣實現優勢原則，並且感受到個人擔當讓人生改觀的經驗。但是，除非我們也採取類似的行動，否則不會看到自己的人生有多少改變。

所以，讓我們立刻開始行動！在你閱讀的同時，不斷問你自己：「我該如何將這些概念實際運用在工作上和家庭中？」這樣可以幫助你將個人擔當的力量釋放出來，並且獲得QBQ優勢的第一步。這一切，只需要啟動開關的簡單動作！

QBQ

2 問更好的問題

開始討論第一個優勢原則之前，讓我們先概略看一下QBQ，一方面為沒有讀過《QBQ！問題背後的問題》的人做個簡單介紹，一方面為讀過的人做個複習。畢竟，重複是學習的動力！

QBQ代表「問題背後的問題」（Question Behind the Question），重點是：面對問題或挫折的第一時間，我們的心裡往往會立刻充滿像是「這種事為什麼會發生在我身上？」以及「其他人什麼時候才會把事情做對？」等「不好的問題」或「爛問題」。事實上，這些問題很自然，也是可以理解的，但這些問題把焦點放在除了提出問題的人之外的每一件事和每一個人，這就展現出缺乏個人擔當了。

當我們冷靜下來，仔細看看這些最先浮現的問題，就會發現背後有更好的問題（也就是QBQ），例如「我能做什麼？」以及「我該如何貢獻自己的力量？」等等。問這些問題，就會把焦點轉回到我們自己身上，做我們可以改變現狀的事。再怎麼用言語敘述幾乎都無法形容，這種簡單的焦點改變可能為我們的人生帶來多少積極而正面的影響。

為了更清楚了解QBQ的意義和力量，我們就從定義開始。然後，我們會簡要探討這個定義中所包含的幾個關鍵字。

QBQ是一種工具，協助各階層的領導者實踐個人擔當，它的方

式是藉由提出更好的問題，因而在當下做出更好的抉擇。

工具

工具是某種我們可以用來幫助自己（在當下）表現得更好的東西。許多組織浪費幾十億美元在所謂的工具上，而那些其實只是激勵的課程、陳腔濫調，以及聽起來很響亮卻只是一時流行的概念。我們參加會議、研習班，聽到精神講話，覺得充滿勇氣，但等到我們必須出去做事的時候，就會發生某種情形：我們會碰到「現實之牆」。我們會想，剛才上課時聽到的訊息很好，用在真實世界卻行不通。換句話說，就是不實用。東西如果不實用，就不能算是工具。

QBQ不一樣，不但實用，而且有效。有效的關鍵就在於三個很容易運用的指導原則，告訴我們如何建構有效的問題：

一、ＱＢＱ往往是含有「什麼」或「該如何」的問句，而不是問「為什麼」、「什麼時候」或「誰」。

●「為什麼」的問題會導致抱怨以及受害者的想法，例如：「這種倒楣事為什麼會發生在我身上？」

●「什麼時候」的問題會導致拖延，例如：「他們什麼時候才會回覆我？」

●「誰」的問題會導致指責，例如：「是誰搞砸的？」

二、ＱＢＱ的主詞是「我」，不是「他們」、「你們」或甚至「我們」，因為我能改變的只有「我」。

三、ＱＢＱ把焦點放在行動上。

一個務必牢記的重點就是，即使運用上述的ＱＢＱ指導原則，仍然有可能產生很糟糕的問題。例如：「我能如何避開這件事的責任？」

或是「我此刻能採取什麼樣的行動來阻礙團隊？」這些表面上的確符合QBQ指導原則，但顯然不是有建設性的問題。

各階層的領導者

「領導者」的概念與我們的頭銜、職位、任期或是「控制範圍」無關，完全不是我們想像中的那樣。只要真正實現負責、擔當及行動，QBQ就能幫助我們像領導者那樣思考及行動。

個人擔當

個人擔當是為了要消弭指責、抱怨及拖延的情形。當我們指責別人、尋找「凶手」的時候，當我們哀嘆自己目前的處境以及別人對我們做了什麼的時候，還有我們遲遲不肯貢獻自己的心力、等待別人先採取行動的時候，我們並沒有將個人擔當付諸行動。

大家似乎都一致認為個人擔當有其必要，可是沒有人知道該怎麼做。QBQ解決了這個問題，因為它讓我們將對於擔當的渴望轉化成真實而持之以恆的改變。

提出更好的問題

QBQ的根本概念就是：

答案就在問題之中。

如果我們能夠問更好的問題，往往就會得到更好的答案。QBQ的指導原則告訴我們如何建構更好的問題，以及應該避免哪些問題。此外，我們也務必記得，這些是我們要問自己（而不是問別人）的問題。QBQ主要是一種自我管理的工具，它的設計是要協助我們重新架構自己的想法。

選擇

我們每天都有數不盡的機會可以做選擇。而我們一直在選擇的是什麼？那就是我們的下一個想法。改變的絕佳機會，就存在於這些時刻當中。為我們自己的想法負責，可能會真正改變我們的人生。藉由幫助我們做更好的選擇，QBQ就能讓我們做到這一點。

QBQ與爛問題的比較

不正確的問題（爛問題），通常是導致受害者心態、拖延以及指責的一些「為什麼」、「什麼時候」以及「誰」的問題。將QBQ與爛問題做個對比，是學習如何將QBQ付諸行動的絕佳方法。我們現在就來看看以下QBQ與爛問題的比較：

銷售狀況不佳：

爛問題：「我什麼時候才能時來運轉呢？」

QBQ：「我該如何做，才會更了解顧客？」

別人升職加薪，卻沒輪到你：

爛問題：「我為什麼會碰到這種事？」

QBQ：「以我目前的工作而言，我能做些什麼才有優異的表現？」

自己的小孩學習很辛苦：

爛問題：「學校為什麼不能更有成效？」

QBQ：「我該如何幫助孩子成功？」

你的部屬沒把工作做好：

爛問題：「他們為什麼不積極一點？」

QBQ：「我該如何改善自己的教導方法？」

發生錯誤事件：

爛問題：「是誰搞砸的？」

QBQ：「我能做些什麼來幫忙解決這個問題？」

關於QBQ的完整探討，我鼓勵大家閱讀《QBQ！問題背後的問題》（中文版由遠流出版公司出版）。

在我們進入第一個優勢原則之前，請花點時間逐項複習爛問題與QBQ的比較，思考你要如何做出更好的選擇以及提出更好的問題。想一想，消除指責、抱怨、受害者心態及拖延將會帶來什麼影響。想像QBQ將會為你的人生帶來的改變，無論是職場工作或家庭生活。

我們每天都有數不盡的機會可以做選擇，
而我們一直在選擇的就是我們的下一個想法。

優勢原則一

學習

QBQ

3

學習的美景

許多年前，我到一家旅遊公司演講，結束之後，有個名叫大衛的年輕人走到我面前，問：「米勒先生，請問您有寫過書嗎？」

當時我還沒寫書，於是我說：「還沒有，不過也快了。為什麼這樣問？」

大衛回答：「我在想，如果有什麼方法可以進一步研習您的教材，我一定能運用得更好！」

雖然這是許多年前的對話，但我仍然記得，大衛認真學習的心態讓我深受感動。我謝謝他，還說等我第一本書出版時會寄一本給他。

後來，我們換到另一個廳，舉行公司的年度頒獎晚會。晚餐結束後，公司的執行長站了起來，開始表揚優秀員工的成就。他們一個個走上台接受表揚，一排面帶微笑的成功者淹沒在同事的掌聲裡。

終於，要宣布「年度最佳經紀人」了，受表揚的人不只必須創造優異的業績，還必須展現出卓越的領導力。執行長停下來，製造懸疑的氣氛。緊張達到了高點。等到她終於宣布姓名的時候，我們全體起立歡呼——你猜對了，果然是大衛！

我沒有證據，但我堅決相信，大衛的用心學習以及他成為公司成就最高的員工，之間必然有直接的關聯。他的成功並不是由於幸運、身高、財產、家庭背景，或是因為人長得帥，而是他對於進一步學習的欲望，以及打從心裡真正不斷學習、改變及成長的渴望。

在我們每個人的生活當中，學習的心態都可能成為強而有力的優勢。它可以增強我們的能力去適應變動，達到自己設定的目標，成為我們希望的模樣，有助於讓我們的工作、團隊及組織更能創新、更有生產力，也更有樂趣。不過最重要的，或許是它讓我們有什麼樣的感覺。學習帶來活力、熱情，以及人生的趣味，而這是停止學習（無論是為了什麼原因）的人所缺乏的。

問爛問題的時候，我們並沒有在學習：

「什麼時候才有人來訓練我？」

「我們為什麼必須經歷這一切的變動？」

「我們什麼時候才會聽到一些新消息？」

「誰會為我們提供願景？」

「別人為什麼不能把工作做好？」

問ＱＢＱ的時候，我們卻是在學習：
「我該怎麼做才能發展出新的技能？」
「我該如何適應多變的環境？」
「我該如何運用自己學到的資訊？」
「我該如何做才會更有生產力？」
「我該如何做出最佳的表現？」

我們要如何向大衛看齊呢？我們需要問能夠開啟我們的心靈、並且協助我們欣然接受改變的ＱＢＱ。這時候，我們就開始實踐學習的優勢原則了！

QBQ

4 學習的障礙

如果我告訴你，我有個朋友從來不把垃圾拿出去，你會怎麼想？他把垃圾存放在抽屜、塑膠容器和紙箱裡；有時候，他會把垃圾拿出來，撒在地板上，在垃圾堆裡打滾——好幾個鐘頭。我可以想像，你大概會說，故意收集、貯藏垃圾，還在垃圾堆裡打滾，做這種事實在太離譜，簡直是瘋了。我完全同意，但其實我們都在做這樣的傻事——也許不像我形容的這位虛構朋友那樣，但心理層面上常常如此。

自從一九八六年起，我大概為各式各樣的組織和團體主持了數千小時的訓練課程。在這段時間，我逐漸體認到，我們每一個人都緊抓著一些「垃圾」想法、概念及觀點不放，封閉著我們的心靈，妨礙我們走上個人成長之路。這種垃圾想法有很多呈現的方式，但往往可以分為五大類別（心態），我稱之為「學習的障礙」。這些就是：

例外的心態

預期心理

應得權利的想法

經驗陷阱

排斥心理

要在生活中發揮學習原則的優勢，就必須先將這些障礙從原本的想法中排除。我們現在就來看看，ＱＢＱ如何協助我們做到這一點。

障礙1：例外的心態

有一天晚上，我從聖路易市飛往堪薩斯市，大約一小時的航程，我用累積的里程數升級到頭等艙。就座的時候，我向坐在旁邊的先生微笑，簡單打了聲招呼，而他也微笑回應。坐定後，我注意到他的袖釦、燙得筆挺的白襯衫、整套深色西裝、褐紅色領帶，還有高檔的皮鞋，我很快就知道身旁坐的是什麼人物：高階主管。

我們開始閒聊，這時我才曉得他是名列「財星百大企業」其中一家公司的資深副總裁。我拿出一本《ＱＢＱ！問題背後的問題》送給他。他向我道謝，但說他晚一點有空再看，因為他必須準備明天的簡報。然而過沒多久，他打開書閱讀起來，直到飛機降落。我心裡挺高興的，但我什麼也沒說，只是埋頭看我的《今日美國》。

就在飛機駛近閘門的時候，他靠過來我這邊，指著書上的一句話。我看了一下，那是個ＱＢＱ：「我可以做什麼？」然後他問：「為什麼不寫『我們可以做什麼？』」

「嗯，」我說：「這麼多年來，我學到了我不可能改變『我們』，但我確實可以改變『我』。」

他嚴肅地點點頭，思考了一會兒，然後說：「你知道嗎？我的老闆需要讀一讀這本書！」

一想到這件事，我現在還是忍不住大笑。這真是一個例外心態的絕佳範例，「這個關於個人擔當的內容真的非常好，但顯然不適用在我身上。」

在這裡，有個我們都應該牢牢記住的教訓：

我們要教別人的事，往往是我們自己需要學習的。

意義就是：如果我們聽到一個觀念，立即想到真正需要的其他人，這往往表示我們可能比他們更需要這個觀念。這可能是個很難接受的想法，但我確實發現，在我自己的生活中也是如此。

看著我們家裡排行老四的孩子（女兒茉莉），我總是忍不住納悶，為什麼她如此倔強而固執呢？我心裡呆住了，回憶過往，想著：嗯，不是也有人向我說過這些話嗎？是三十年前、三十天前，或甚至三十分鐘前呢？是的，我們教別人的事，往往是我們自己需要學習的。

不要讓例外心態的障礙擋住你的路。當你想到，我真的知道有人需要聽聽這段話，這時候，你應該停下來想一想，能不能先應用在自己的身上，問問這個QBQ：「我應該如何將這個想法運用在我的生活上？」

障礙2：預期心理

封閉的心靈很難有什麼發展。有一天，我隔著後院的籬笆和鄰居講話，他告訴我，最近忍受了他公司提供的三天訓練課程，實在是「無聊、不管用、浪費時間」。不過，最讓我深思的評論是這個：「我並不意外，我早就知道不可能有什麼用處。」

我們想要尋找什麼，通常就會發現什麼。像是「這不會有任何好處」之類的負面預期，可能就是自我實現的預言。這些想法會妨礙我們學習、成長，以及享受人生。即使我們上次的經驗很「無聊」，不見得表示下次也會一樣。

保持開放的心靈，隨時準備學習。問個類似這樣的ＱＢＱ：「今天我要如何得到最大的收穫？」

障礙3：應得權利的想法

我們的女兒塔拉（排行老二）十二歲的時候，有一天，她一大早來找我，手上拿著一顆牙齒。我的第一個念頭是：這種事什麼時候才會結束？我的第二個念頭是：塔拉，你打算賣給我的是一顆資源回收的牙齒嗎？但我知道她要什麼，於是我說：「好了，寶貝，你知道該怎麼做。今天晚上，把那顆牙齒放在你的枕頭底下，如果你運氣好，牙仙可能會留點什麼東西給你。」那個小丫頭看著我，好像我漏了什麼該做的事。然後，她伸長了手，說：「爸，別浪費我的時間……我很快就得出門。別鬧了，給我一塊錢吧！」

這就是應得權利的想法，雖然發生在塔拉身上很好玩，但我們的組織實在有太多這種事了。你可能會聽到剛進公司的菜鳥說：「我已經來這裡三個月了，什麼時候才會得到第一次加薪？」你也可能聽到老鳥說：「我已經在這裡二十二年了，所以我理應得到……！」

聽起來可能很刺耳，但我還是要老實說，如果有誰已經工作那麼久，也領了二十二年的薪水，難道這個不是雙方同意的嗎？別搞錯我的意思，忠誠是一件好事，但我實在很難理解，為什麼我們會覺得自己理應得到更多或是不同的待遇，只因為我們待的時間很長？

另一個充滿這種想法的領域，就是我們對於訓練與發展的態度。當我們問人家：「你的個人生涯發展由誰負責呢？」他們會說：「是我自己。」然而，我們往往聽到人們問：「我什麼時候才會得到更多訓練？」如今，我相信經理人每一天的工作就是問QBQ：「我今天可以做些什麼來發展我的團隊？」但是，沒有人天經地義地欠我們這些訓練。到最後，會改變「我」個人一輩子的路程，都是「我」個人的責任。因此一定要注意這類的想法：「我的經理應該多指導我一些！」或是「我的公司應該為我提供更多訓練！」這些想法會阻礙我們採取行動，變成學習的障礙。

「什麼時候才會有人來訓練我？」是不正確的問題。更適當的問題是類似這樣的QBQ：「我能做些什麼來投資在自己身上？」以及「我要如何獲取新的知識，以迎接面臨的挑戰？」

障礙4：經驗陷阱

對於那些認為自己「做到了」（或是成功了）的人，我要提醒他一聲：「鐵達尼號！」一九一二年，號稱「永不沉沒」的船，正是人類面臨未知狀況時傲慢與過度自信的經典形象。我們也一樣，每天都要面臨未知的狀況。而且，雖然我們的經驗應該是理解與智慧的窗口，卻也往往是我們認為自己已經走過所有艱困的驕傲來源。經驗陷阱會妨礙個人成長，遏止改變發生，因為這讓我們以為自己該懂的都懂了。想想下列的例子：

● 經理人效法以前老闆的作風，卻沒有考慮到什麼方式對現今的勞工最有幫助。

● 教了一輩子書的老師，拒絕採納有助於學生學習的新方法。

● 被以前那一套「表現熱絡，請客戶吃飯」的生意手法訓練出來的業務員，無法運用現代的銷售戰術。

● 父母教出一個傑出的孩子後，不願意尋找適合其他子女的教育方法。

● 在某個產業表現非常好的主管，無法了解另一個新產業的差異與微妙之處。

● 有些人把罪大惡極的一句話掛在嘴上，「我們以前從來沒那樣做過。」

促進學習的方法（而且，別忘了學無止境）就是一直問：「我要如何加強學習的效果？」以及「我能做些什麼來獲得新的技能？」這些QBQ是強有力的防禦措施，避免我們掉進經驗陷阱，讓我們在個人成長與改變的道路上走得更平穩。

障礙5：排斥心理

我剛開始演講個人擔當與QBQ的時候，有一天，我演講結束，走下講台，和幾個人握手，心情非常愉快。當時我的感覺特別好，因為我認為這是我做過最好的演講之一，而聽眾的反應似乎也證實了我的印象沒錯。

等到興奮感消失，人群也離開之後，我才注意到會場還有一個人，她的臉色清楚告訴我，她覺得並不怎麼樣。她是安排這場演講的人之一，我當然希望得到她的意見回饋。經過一點誘導後，她給了我批評：我的演講風格有某個部分抵觸了我要表達的訊息，而她就是不喜歡。我面帶微笑，謝謝她的坦誠。可是，讓我告訴大家，當時我心裡其實是怎麼想的。實在很糟糕，但真的是那樣，「你懂什麼？你又不是業務員，也不是什麼名嘴，你根本沒做過我剛剛做的事！」

我沒有聽進她的話，因為我排斥她。我瞧不起她的資格，認為她的意見不重要，而且不理會她的批評，因為我相信，她不可能理解我做的工作是怎麼回事。由於我自己的傲慢與偏見，我認定她「不屬於我這個等級的人」，因此她的意見沒有什麼價值。

不過，那天晚上，在我搭飛機回家時，我仔細思考她說過的話，不得不承認她的意見有道理。她說得對，她和我分享了她觀察到的心得，我後來決定加以應用，事後證明這對我的幫助很大。

在人生的各個面向，我們每天都用排斥的心態對待和我們想法不同的人。請仔細思考下列的情節：

● 業務人員拒絕接受行銷人員說的話，因為「他從來都沒有跑過外務。」
● 製造人員完全忽略業務團隊的觀點，認為「你根本搞不清楚我們在做什麼，也不知道那有多困難！」
● 主管不願意聽行政助理的話，因為「哼，她懂什麼？」
● 醫生不聽護士的話，認為「她沒有接受過十二年的醫學教育訓練。」
● 爸媽不理會孩子的意見，因為「父母總是知道什麼最好。」

我們都是學生，也都是老師。不管走到哪裡，總是有寶貴的功課可以學習。如果懷著排斥的心態，就會錯失學習的機會。我們必須避開這個障礙，問問自己：「我該如何用心傾聽，考慮接納別人的建議，並加以運用？」

如果懷著排斥的心態，
我們就會錯失學習的機會。

QBQ

5

學習等於改變

下列故事是蘿蘋提供的，她是紐西蘭奧克蘭市某個產科病房的麻醉科醫師。蘿蘋為產婦提供意見、執行麻醉程序，也要隨時待命協助緊急接生。此外，她在醫院也擔任主管的職務。

某個星期一早上，清晨三點鐘左右，我被叫到醫院執行下半身的麻醉程序，產婦已經陣痛了很久，狀況不太好。

助產士曾經嘗試給她打點滴，但她失敗了，於是我必須多做一道程序，才可以開始進行麻醉，我也碰到了一些困難。

我才剛把點滴管固定好，卻突然聽到產婦說：「我要用力了！」助產士很快檢查了一下，確定她要生了。

「真對不起，」她有點尷尬地告訴我，「此時此刻，我們不需要麻醉了。」

我回答：「太好了！」

助產士瞪著我看，她的眼神似乎在說：「有什麼圈套嗎？」她心裡大概在想：你到底是誰？你真的是蘿蘋嗎？

以前要是碰到這種狀況，我一定會很生氣，被人大老遠叫來醫院，然後又揮揮手說不必了，只因為有人對於分娩的判斷錯誤，讓我心裡很想大叫：「愚蠢的助產士！」可是現在（自從讀過《QBQ！問題背後的問題》之後），發生這些事情時，我竟然覺得很高興，因為我會往好的方向想。像這個例子，分娩的過程比原本預期的順利，最後並不需要醫療的介入，我也可以早點回到床上補眠。再說，助產士也盡力了。醫療本來就很難預料，這種意外的狀況隨時都會發生。就在那個早晨，我的出現也給了產婦精神上的支持，讓她能忍受稍微長一點的陣痛時間。

當天稍晚，那位助產士來找我，問：「請問我可以和你談談嗎？有個問題讓我很困擾。」然後我們討論了一個存在已久的問題，涉及了助產士與醫師之間的觀點不同。我們討論完後，她自願去做一大堆事，對於我們身為領導團隊已經計畫實施的策略，這些事情幫助很大。

這聽起來可能沒什麼，但她以前不曾那樣來找過我。一開始，我其實非常驚訝，這是怎麼回事？她的態度為什麼突然改變了？但是我隨即明白，是我改變了。我運用了QBQ，讓我面對問題時更有建設性，就是因為這樣，她才會突然覺得可以放心自在地來找我。現在，我們讓她參與新的計畫，這是團隊合作。而在這裡，團隊合作就是一切。

由於決定要有個人擔當，我清楚看到自己的人生獲得了某種珍貴的東西。感謝您！

這個故事是個絕佳的實例，說明僅止於獲得知識和真正學習之間有何差別。你可還記得學生時代，通宵熬夜臨時抱佛腳，準備當天的考試，考完之後，幾乎什麼都沒弄懂？儲存在我們短期記憶裡的事實與理論，在學校的時候可能有用，但那並不是學習。**我們要將自己知道該做什麼，轉化成去做我們知道的事，知行合一的時候，才是真正的學習**。換句話說，學習等於改變。

蘿蘋可能早就發現QBQ，卻什麼都沒做。她可能任憑像是例外的心態（「這東西很好，但不適用在我身上」）或是經驗陷阱（「我做得很好，不需要這個」）這類障礙阻礙自己。但是，她選擇將學到的新知識付諸行動，因而成為真正學到QBQ的人。而且，透過行為的改變，她在人生中「獲得了某種珍貴的東西」。蘿蘋的故事並不是徹底改變世界的大事件，但的確改變了她的世界，而這才是真正重要的。

當你問QBQ、並且將知道的事付諸行動的時候，學習的優勢原則也可能改變你的世界。

知行合一的時候，才是真正的學習。

想想自己安於現狀有多久了？

列出妨礙你成長的「垃圾」想法。

根據你所理解的 QBQ，
你認為該如何利用自己的知識幫助公司成長？請寫下你的想法。

優勢原則二

負責

QBQ

6

負起責任，解決問題

莎拉的故事

莎拉剛剛進入一家步調快、壓力高的貸款公司，忙得沒有及時將她的「新進員工表格」交給處理薪資的部門。於是，在第一次發薪水的日子，她沒有領到薪資支票。問題來了！她的主管（分行的經理）聽到這件事，打電話到總公司，總公司的人問他：「誰在處理她的文件時犯了錯？」聽到這句話，經理的回答是這一段簡單又有力的話：「我不確定，但假如知道是誰的錯就能讓莎拉拿到薪資支票，那就算是我的錯好了。」他真正要說的意思是：「誰在乎是誰犯了錯？讓我們解決問題吧！」

黛安的故事

《QBQ！問題背後的問題》的讀者黛安分享了這個故事：「有一天已經很晚了，我在十一點鐘左右才降落在維吉尼亞州的里奇蒙機場。大概是我的運氣不好，有三輛接駁巴士停在路邊，要前往其他方向的停車場，卻沒有一輛要開往我停車的地方。前面兩輛巴士開走之後，第三輛巴士駛向我這邊，打開車門。司機大聲說：『嗨！我是雪莉，如果你想要去A區停車場，不必管我巴士上的牌子是怎麼寫的，儘管上車就是了！』上了車，我問她，是不是有些巴士過了行駛時間，所以沒車了。她說不是，只是有些司機開錯了站，所以全都亂成一團。她大笑，繼續說：『有些司機就是搞不清楚狀況，可是我心想，既然你站在那裡，看起來很累，而我又坐在這裡，沒有地方去，倒不如我們一起去A區！』」

史丹的故事

史丹．唐納利是明尼蘇達州亞力山卓市唐納利製造公司的創辦人兼執行長，他們為各式各樣的產品做特別訂製的塑膠部件成形。其中有一件專案，他們為另一家製造廠商的新款直排輪溜冰鞋製作釦件及夾件。遺憾的是，唐納利公司裡有人把溜冰鞋上的釦件裝反了，很簡單的錯誤，一不注意就會疏忽。

溜冰鞋製造廠商派出一小組人（包括公司的總裁），帶了幾雙溜冰鞋到歐洲，拜訪一家可能成為批發商的大客戶，他們打開盒子，驚訝地發現鉛子竟然扣不上。這下子問題大了！消息傳回唐納利的公司，專案團隊開始檢討到底是怎麼回事。有個人問了爛問題：「他們出國前為什麼沒有更仔細檢查溜冰鞋呢？」

「不，」史丹語氣強硬地回答，「那是我們的工作！」

以上三個故事都是說明「負責」的極佳實例。「負責」並不需要在公司裡擁有股份，或是有正式的主管職位，它的意義是正面迎接問題，而不是指責、抱怨、拖延或製造藉口。負責是個人擔當最純粹的形式，而QBQ有助於實現這一點。

問爛問題的時候，我們並沒有負起全責：

「他們什麼時候才會搞定這件事？」

「是誰搞砸的？」

「他們為什麼不肯改善這裡的狀況？」
「誰會來為我講清楚工作內容？」
「為什麼會有那麼多指責的口水戰？」

問QBQ的時候，表示我們真的負起責任了：

「我該如何解決問題？」
「我該做什麼來貢獻一己之力？」
「我該如何協助組織成功？」
「我該做什麼來擴展自己的個人影響？」
「我該如何擺脫生活中的指責？」

我們需要負責，因為組織總是會有問題（事情難免會出狀況，錯誤難免會發生），有問題，就需要解決。當然，我們再也不會把它們叫做「問題」，而是視之為「機會」、「爭議」及「狀況」。有時候，我們感覺自己好像陷入「挑戰」當中，但無論我們用什麼名目，它們仍然都是「問題」。當我們實踐「主動負責」原則的時候，就會獲得明顯的優勢，因為只有這時候，我們才會找到解決的方法。

QBQ

7 指責的遊戲

大家指責速食造成肥胖，指責電腦遊戲造成青少年暴力；政客指責彼此造成國家的問題；社會指責好萊塢造成「道德淪喪」的文化。

有時候，好像除了指責的遊戲之外，就沒有別的可以玩了。大家都指著別人。可是，等一等！在我們太專注於「外面」的那些指責之前，請先想一想這些問題：

- 上班遲到的時候，我有沒有責怪早上的交通狀況？
- 孩子成績退步的時候，我有沒有責怪老師？
- 丟掉飯碗的時候，我有沒有責怪總裁？
- 很晚才回電話的時候，我有沒有說：「我實在太忙了？」
- 心情很差的時候，我有沒有責怪家人和同事造成我的困擾？
- 銷售業績沒有達到目標的時候，我有沒有責怪公司產品的定價或是顧客？
- 考試成績不佳的時候，我有沒有責怪教授的講課方式？
- 客戶沒有及時收到貨，我有沒有責怪貨運部門？
- 股票賠錢的時候，我有沒有責怪證券商？
- 兒子惹上麻煩的時候，我有沒有責怪和他混在一起的朋友？
- 揮桿把高爾夫球打到雜草區的時候，我有沒有責怪風向？
- 我做禮拜的教堂不曾興旺起來，我有沒有責怪帶領的牧師？

● 忘記貫徹某個承諾的時候，我有沒有說：「生活太忙亂了？」
● 我們的少棒隊打輸了星期六的球賽，我有沒有責怪教練？
● 沒有獲得加薪（或是福利縮水）的時候，我有沒有責怪老闆？
● 專案未能及時完成，我有沒有責怪團隊？

責怪是個自然的反應。每個人（包括我自己）都會不時陷入其中。雖然責怪顯然是在浪費時間，但我不曾看過任何組織或社會團體對此免疫。

指責解決不了問題

以下是一個很受歡迎的「轉寄」郵件，不曉得經過了多少人，最後才進入大家信箱的電子郵件。這個據說是某一所中學的教職員錄製的語音信箱問候語，大概是回應某些家長打算控告學校，因為學生分數不及格和考試成績不佳：

您好！這裡是學校的自動化語音服務系統，請您先耐心聽完所有的項目再進行選擇：

要說謊解釋孩子為什麼缺席，請按1。

要幫孩子為什麼沒有寫作業找藉口，請按2。

要抱怨我們做事的方式，請按3。

要責罵學校的教職員，請按4。

要問您為什麼沒有拿到明明就寫在家庭聯絡簿上、讓學生帶回家的資訊，請按5。

如果您想要我們代為養育小孩，請按6。

如果您想要伸手打某人的耳光，請按7。

今年第三次要求換老師，請按8。

要發洩您對校車交通的不滿，請按9。

要抱怨學校的營養午餐，請按0。

可是，如果您了解，您的小孩要為自己的行為、課堂學習及家庭作業負責——您的小孩不夠努力、成績不好，並不是老師的錯——請立即掛斷電話，並祝您有個愉快的一天！

非常好笑！據我所知，這是某個無名氏寫的虛構小品，在網路上像野火一樣蔓延開來。但是，這仍然是對於我們國家教育一種可悲的評論，更是強力說明指責根本沒有用的範例：責怪別人沒有做好我們自己小孩的教育，永遠解決不了問題。

指責永遠解決不了任何問題，因為我們不可能一邊玩指責遊戲，同時還能承擔責任。要是沒有人負責，任何事情都不可能做好、不可能修正，也不可能改善。

指責永遠解決不了問題，
我們不可能一邊玩指責遊戲，同時還能承擔責任。

QBQ

8 電子郵件戰爭

我們或者蹲在自己的小辦公室隔間裡，或者在公司角落的辦公室，或者在外頭跑業務的現場。這是塹壕戰！就著電腦螢幕的微光，我們電子郵件齊發，射向對面的敵人，希望他們回擊的子彈不會打中我們，在他們的論點中暴露出致命的缺陷。於是，我們可以熱切回覆，將全體士兵和軍官（我們的同事們）放到發送副本的名單上。成功必定屬於我們！勝利的滋味無比甜美！

我不得不承認，以上的情節有點過火，卻也精彩地說明了一個非常真實、但是代價也很高的問題——鉤心鬥角，而這正是另一種形式的指責。

資產負債表上可能沒有「同事之間的爭執」以及「指責其他部門」的項目，但團隊合作、士氣及生產力的成本的確存在。所以，指責不僅無法解決問題，反而會增加問題，造成嚴重的損失。

我們可以做得更好。讓我們停止彼此之間的戰鬥，開始和我們的問題戰鬥吧。

QBQ

9 不要製造藉口

在我才十幾歲、駕駛經驗還不算豐富的時候，我父母親常耳提面命，在我腦袋裡灌輸這個觀念：注意別人！他們的意思是說，在路上開車時，每個人都會犯下心智上的錯誤，所以，我不僅應該自己小心，還得注意其他駕駛人的錯誤。我可以想像，你大概也聽過類似的話。而且，就像我父母告訴過我的許多事情一樣，最終都證明了是非常明智的建議。這是我還記得的一則小品，也已教給我的孩子：

這裡躺著強納森的軀殼。
他到死也要堅持自己在馬路上有優先通行權，
他是對的，到死也是對的，因為他堅持向前，
但是，無論對錯，他終究是死了！

安全駕駛純粹是個人擔當與負責的表現。時時刻刻察覺周圍的狀況與環境，謹慎操縱交通工具，完全是我們的責任。比如說，我從後面追撞別人，我總是有責任。我前面的車子為什麼會剎車都無所謂，這樣的車禍總是我的錯，因為我沒有保持安全距離，讓我有足夠的時間應變。

除了駕駛之外，如果有人換燈泡的時候摔下梯子，或是操作除草機時割斷腳趾，這都是同樣不爭的事實：在工作場所、在家裡，以及在駕駛座上，個人的安全都是自己的責任。所以，下次你在起居室的

地板上被小孩的玩具絆倒或在廚房裡踢到椅腳，不要製造藉口，問一些爛問題，像是：「孩子們為什麼不把自己的東西撿起來？」或是「誰把那張討厭的椅子放在那兒？」而是要承擔起責任，問問QBQ，像是：「我能做什麼來處理這個狀況？」以及「我該如何小心一點？」

無論在工作場所、在家裡，以及在駕駛座上，
個人的安全都是自己的責任。

QBQ

10 這不是我分內的工作

有一天，我很晚才住進亞利桑那州斯柯次達的會議度假村，隔天早上八點要在三百名藥廠銷售專業人員面前演講。勘察過會場之後，我才知道自己要站在非常高的講台上說話，這就意謂著我的鞋子剛好會在觀眾眼睛高度的地方。我知道藥廠的業務代表通常特別注重穿著，這群人大概也都穿著擦得亮晶晶的皮鞋，所以，我問櫃檯的服務生：「今晚我有可能在這裡把我的皮鞋擦亮嗎？」

「米勒先生，我可以這麼做：我會跑到藥妝店，買些擦鞋的亮光劑，因為我確信我們這裡沒有。不然，服務生也可以把鞋子拿到公路另一邊的度假旅館，他們那裡有個擦鞋攤子，營業到午夜。要不然，我也可以把鞋子帶回家，在家裡擦好，等到早上七點左右，我開始值下一班的時候，再把皮鞋帶回來。米勒先生，以上的建議裡，有讓您滿意的嗎？」

你能想像嗎？換成是你，當下會怎麼反應？「真了不起！謝謝！」而你對他個人和他工作的機構會有什麼感覺？你會不會記住他的姓名？你會不會把他的事還有他服務的度假村名稱告訴所有的朋友？我相信你一定會的，就像我現在告訴你一樣。

只是，對不起，很抱歉要讓你失望了，這件事從來沒有發生過，至少情形不是那樣。我也不曾預期櫃檯的服務生會提供前述的任何一個解決方法。但我的確問過有沒有辦法把皮鞋擦亮，當時的對話差不多就像這樣：

我：「今晚我有可能在這裡把我的皮鞋擦亮嗎？」

他：「不可能。」

～完～

他為人不好嗎？不，根本不能這樣說。我也不敢期望有誰會把我的皮鞋帶回家，用他們自己的時間去擦皮鞋。我只是要說，他根本想都沒想到要去處理我的問題。我看得出來，他根本就不在乎，而這差不多是服務業界可能發送出去的最糟糕訊息。話說回來，也有可能是我錯了。或許他真的在乎，但他只是在想，我又不是擦皮鞋的。換句話說，就是終極藉口：「這不是我分內的工作。」

職務說明書（也就是詳細列出我們特定職務與責任的概要文件）

是一項了不起的工具，但它也可能變成某種不願意為手上的問題負責任的藉口，更可能阻礙我們找到有創意的解決方法，導致其他人認為我們根本不在乎。這名員工的職務說明書不可能會提到「擦皮鞋」，所以就沒什麼好說的了。

我們的工作，並不是到職務說明書最後一句話最後一個字後面的句點為止。不要說：「這不是我分內的工作！」主動為問題負責，讓別人看到你在乎。要有創意！稍微多走一段路，便會稍微多領先一點優勢。問這樣的QBQ：「此時此刻，我該如何幫助這個人？」

QBQ

11 為工作安全負起責任

有時候，某個問題或狀況可能會錯掛到別人的帳上。隆・波特（Ron Pote）是一位工安專家，他告訴我這個故事：

當年，我是某家大型造紙廠的部門經理，那種地方本來就很危險。某個星期二清晨五點，我接到一通電話，是我部門裡的一個夜班工人史蒂夫受傷了。我在三十分鐘內趕到醫院，見到他驚惶的妻子和三個哭叫的孩子。他斷了一隻胳膊，頭顱骨折，身上還有許多割傷。他的狀況非常糟，但總算保住了性命。

狀況是這樣發生的：史蒂夫取下了某個大型設備的金屬保護網，以便伸手進去做調整。就在這時候，他的袖子勾到了一支轉軸，於是把他整個人拉了進去。老實說，他可能當場斃命。

聽到他做了什麼事的時候，我的第一個想法是：史蒂夫為什麼會做那種傻事？他為什麼會冒那樣的風險，拿他自己的安全開玩笑？我實在不懂，為什麼會有人違反公司的安全規定，取下保護的金屬網？史蒂夫是模範員工，應該更懂事才對，他當時到底在想什麼？

然後，我突然想到：史蒂夫和他的家人現在之所以受苦，是因為我（還有其他主管）創造出來的文化。我們確實有推行工作安全的措施，但大部分只是在牆壁上張貼口號標語，開會的時候沒完沒了地教訓員工罷了。坦白說，我們的措施把員工安全的責任大都放在經理身上，而不是最前線的工作人員。顯而易見，應該把更多的責任轉移到必須承受忽略安全後果的那些人身上。

身為經理，我們永遠無法防止像史蒂夫那樣的事故發生，因為我們不可能隨時隨地都在做所有的決策。如果要進一步改善我們的安全紀錄，個人就必須密切注意自己以及團隊的夥伴。

因此，我們改變方式，開始讓大家為自己的安全負責，我們對全體員工實施具體的一對一訓練，強調個人安全的責任。要是任何員工沒把話聽進去，我們就會盯住他，重新訓練，並且利用備忘錄、會議以及和員工閒話家常的方式，強迫灌輸這些概念。

我們開始看到真正的改善，也終於了解到，身為經理人，只有拓寬焦點，超越規則、程序、設備以及系統的範圍，要求每一名團隊成員對工作安全的決定負起責任，才會改善安全的問題，否則一點用處也沒有。

我們花了大約三年，才改變我的部門和整個工廠的安全文化。但是如今，經理人和員工都了解到，我們每個人都必須為自己在工作時的安全負責。隨時隨地都得如此，沒有任何藉口。

QBQ

12 要負責任，但不要過了頭

負責任是解決問題的第一步，而這是影響我們的組織與人生的基本要素。但是，任何優點要是走到極端，就會變成弱點。切記，負責任並不是：

- 做別人分內的工作。
- 救援表現不佳的人。

- 每次出了什麼問題，就說：「好吧，都是我的錯！」
- 試圖自己一個人處理每件事。

要負責任，但不要過了頭。問這樣的QBQ：「我要如何貢獻一己之力？」以及「我能做些什麼來協助其他人達成目標？」但也要記住：不見得每個問題都完全只靠我們解決。

無論在家裡或公司，總有許多事讓你煩心與不愉快。
想想自己有多常在責怪別人？你覺得可以如何解決現狀？

「這不是我分內的工作。」你是否常有這樣的想法？
拋開這樣的藉口，問問自己可以如何幫助別人。

優勢原則三

創意

QBQ

13 成功運用現有的資源

我的兩個較大的孩子克莉絲汀和塔拉差不多十一歲和九歲的時候，有一天，她們請我帶她們去買一套很好玩的盒裝遊戲，她們曾在朋友家裡玩過。等我們到了商店，她們很快就發現，玩具比她們湊到的錢多了六美元。這下子難了，但她們並沒有向我求助。

她們沒有請爸爸幫忙解決問題，因為妻子凱倫和我對孩子採取了一套財務制度，孩子們從九歲起，就要開始處理自己的金錢。我們每個月為他們提供一筆「預算」經費，將錢分為五大類別：儲蓄、慈善、禮物（包括生日和節日）、雜項，還有服裝。真的，還包括服裝。如今，孩子們都是自己付錢買長褲、上衣、正式服裝、外套和鞋子。看著年紀才十幾歲的女兒，現在就懂得去找便宜划算的衣服，而不是昂貴的流行服飾，真是令人滿意。而且，她們也不會伸手要媽媽掏出皮包裡的信用卡去刷，或是爭論該買什麼。她們有自己的錢，也知道如果在月底前把錢花光，就得等到下個月才有錢，絕對沒有例外。就像他們說的：「沒了，就是沒了！」

離開商店的時候，兩個女兒很失望。但在我們回家後不久，我聽到孩子們的房間傳來咯咯的笑聲。她們跑到廚房拿一些東西，一下子又不見了。不管到底在做什麼，她們顯然很快樂。你猜猜看，這是怎麼回事？她們正在自己製作遊戲！接下來的幾個鐘頭，全家人都很開心地玩著她們創造出來的遊戲。

我很難想像，還有哪個例子更能表現創意。我根本不會想到要設計一種遊戲，但她們並沒有因為缺乏資源而受阻。她們一起思考討論，想出了美妙的解決之道。

通常談到創意的時候，我們會想到藝術方面的能力，像是寫作、素描或繪畫。然而，**面臨障礙卻能想出另一個方法來達到目標，更是創意的極致表現**。

問爛問題的時候，我們不曾運用創意：

「我們為什麼不能擁有更多工具來把工作做好？」

「誰會提供我所需要的資訊？」

「我們什麼時候才會有更好的電腦系統？」

「我什麼時候才找得到既努力又可靠的員工？」

「我為什麼不能拿到較多的預算？」

問QBQ的時候，我們便運用了創意：

「我要怎麼做，才可以利用現有的工具成功地完成工作？」

「我該如何獲取需要的資訊？」

「我該採取什麼行動才會有進展？」

「我該如何培養現有的人力？」

「我該做什麼來達成目標？」

創意是協助我們達到目標的極大優勢。成功之路很少是平坦毫無障礙的，路上有很多要閃避的坑洞，有阻礙物要跳過去，還必須經過泥濘的路面。但是，在其他人陷入困境而放棄的時候，有些人還是可以運用創意，專注在目標上，並且繼續努力，直到發現通往成功的途徑，無論是在職場上或家庭生活中，皆是如此。

QBQ

14 思路的創意轉彎

鮑伯．邦奇維治是個優秀的業務員，我們曾經在訓練與開發的領域合作過。鮑伯有他獨門的絕招，我們以前常常笑他出門只帶很少的東西。他去拜訪客戶談業務的時候，身上只帶兩件東西：一個標準尺寸的筆記本，還有一枝奇異筆。

在某位副總裁或執行長的辦公室坐定之後，鮑伯就會拿出他的筆，在筆記本的左上角畫一個圓圈，在圈圈裡寫著「領導力」，然後說：「我們從事領導能力開發領域的工作。」接著他再畫另一個圖圈，在圖圈裡寫著「銷售技巧」，然後說：「我們從事業務訓練領域的工作。」接著再繼續講「建立團隊」等等。畫了五、六個圓圈之後，鮑伯會將筆記本往前推，問這位可能成為客戶的人：「我在哪個領域最能幫助貴公司？」

鮑伯是一個將創意付諸行動的極佳榜樣。他沒有被問題困住而問爛問題：「我們什麼時候才會有彩色印刷的宣傳手冊？」或是「我們為什麼沒有像其他公司那樣有漂亮的行銷資源？」反而問了可以發揮創意的QBQ：「利用現有的工具和資源，我該怎麼做才會成功？」他的確成功了。運用他那簡單的方法，鮑伯不只拿到我們公司「年度最佳新人獎」，他在第一年賣掉的訓練課程，也打破了任何人的紀錄。

對我而言，這故事最精彩的部分是很久以後才發生的。在某一家保險公司上課的時候，我和大家分享鮑伯的故事。課後，有一名年輕的業務員跑過來，說了一句我以前從沒聽過的話：「約翰，你說中我的要害了！」

我問他：「我說中你的要害？這話是什麼意思？」

「六個月來，我一直在煩我的上司，要買一台更大、更快、更管用的筆記型電腦。」然後，他得意洋洋地拿出一本筆記本，說：「可是今天我學到了，利用這個東西，我就能成功！」

多麼了不起的思路大轉彎呀！這名年輕業務員真正要說的是這個：「你知道，我也是這麼做的。我要求的是『我自己以為沒有它，就不可能成功』的東西。」然而那一天，他上完課離開的時候，卻對他的處境（以及本身）有了全新的觀點。果然很有威力！

實踐創意的原則，需要我們每個人採取類似的思路大轉彎，而QBQ可以幫助我們。

QBQ可以改變現狀

茱莉是一所中學的校長，她送給每位教職員一本《QBQ！問題背後的問題》在暑假期間閱讀。她分享了這個故事：

每年秋季，學校開學的時候，似乎都有電腦運作不正常的問題。通常我會聽到好幾個教師抱怨，說他們沒辦法好好教課，因為沒有適當的設備。

但是今年，幸虧有了QBQ，我們的電腦教師提姆實踐了個人擔當。他沒有抱怨螢幕不夠用，不能開始上課，反而到校外募集到四台捐贈的電腦螢幕。因此，學生從第一天上課就很有效率。

這個故事再次說明了QBQ如何帶來思路的創意轉彎。年復一年，人們都在抱怨電腦的問題，但是，「我能做些什麼來改善現狀？」

這個簡單的QBQ協助提姆採取行動，找到別人不曾發現的創意解決方法。

更重要的是，這個故事也說明了QBQ甚至可以影響到那些我們認為最不可能改變的人。繼續讀下去，看看茱莉後來講了什麼：

> 補充介紹一下提姆的背景：他教了二十幾年的書，因此在處理電腦螢幕方面的成效令人驚喜，我以為那種「起而行」的態度只會發生在年輕的教師身上，對於經驗老到的老師則是不抱太大希望。沒想到QBQ真的發揮功效了！

的確如此。

唯有在我們停止前進的時候，我們的目標才會變得遙不可及。如果我們問QBQ，並且不斷尋找，就會發現許多方法，不只是不同，而且往往甚至更好。

有創意，繼續追尋，你一定能找到方法。

主管交付你一項工作，要求一週後要完成重要的企畫案。焦頭爛額之際，你會如何運用QBQ來達成目標？請寫下你的想法。

面對挫折或阻礙時，你會懊惱放棄還是轉換思維？
套用QBQ的優勢原則，請寫下你改變現狀、解決問題的創意。

優勢原則四

服務

QBQ 15

用「心」服務的價值

幾個月來，麥可和幾名好友計畫到阿第倫達山度週末。在出發前的星期三晚上，麥可還在芝加哥出差，突然想到自己忘了一件非常重要的小事：靴子。三月的阿第倫達山絕對是又冷又溼。麥可早就打算訂購新的登山靴，卻一直沒抽空去做這件事。距離出發日期只剩兩天，沒有登山靴可以穿，而他又出差在外。

於是，他從旅館房間撥了專賣野外活動用品的賓氏公司（L. L.

Bean）免付費電話。電話接通後，他向那位客服人員說：「我手上沒有型錄，但我需要一雙很久以前就想訂購的靴子。我在型錄上看過，所以我知道你們有。」

那位服務員笑著說：「先生，我們的靴子多到連我都數不完，我們先來看看能不能縮小範圍。」她名叫克莉絲蒂，麥可立刻感覺自己受到良好的照顧。

電話交談的內容逐漸變得像朋友之間的對話，麥可告訴克莉絲蒂要去登山的事。他們一起推斷出他大概想要適合「耐寒」的靴子，也就把選擇的產品限縮到比較好處理的十幾種。然後，麥可仔細描述他從型錄上記得的每一項細節，他們兩人終於更準確地找出三種可能性。他們幾乎快要達到目標了。這時候，克莉絲蒂問：「請問您什麼時候要穿？」

麥可有點尷尬地說：「不瞞你說，我星期五以前就要，因為這個週末我們就要出發。」

「嗯，」她說：「我最快要到明天才可能把東西送出去，所以，我們正常的兩天貨運就行不通了。而且，我們仍然不能確定您需要的是哪一雙。」

麥可開始感到失望。

但是，克莉絲蒂卻來了個大逆轉。她說：「明天我會找到這三種可能的靴子，各挑一雙您的尺寸，以隔夜送達的方式寄給您，星期五就會送到府上。請您每一雙都試一試，挑出想要的那一雙，然後再把另外兩雙寄回來。我會附上一張回程的快遞貨單，並填好表格，您只要打電話請人來取貨就行了。同時，請告訴我您的信用卡號碼。我暫時不會請款，等到下星期一您打電話告訴我，您要穿哪一雙靴子去登山。您認為如何？」

很久都沒有聲音。

「麥可，您在嗎？您覺得這樣可行嗎？」

經過好一陣子、震驚得說不出話之後，麥可終於「哇！」了一聲。

就在麥可告訴我這件事的時候，我從他的眼神中看出，他體驗到一家公司怎麼辦到不只滿足他的需求，或是一個人怎麼做到完全超出他的預期。他分享的是他自己仍然有感覺的事，而且永遠忘不了。當我問他那次登山露營玩得如何時，他大笑著說：「我不記得了，整個週末我都在向十二個大男人吹噓，誇說賓氏的服務有多好！」

一家公司怎麼也買不到那樣的廣告！這一切都是自願提供的服務，而且完全出自內心、心甘情願去做，這就是QBQ服務，這樣就能改變現狀。

問爛問題的時候，我們並沒有服務的心態：

「別人為什麼會有那麼多的要求？」
「顧客要到什麼時候才會按規矩來？」
「我的員工什麼時候才會更加自動自發？」
「那個部門為什麼不把工作做好？」
「別人什麼時候才會像我這麼用心？」

問QBQ的時候，我們就有了服務的心態：
「我能做些什麼來了解其他人的需求？」
「我該如何為顧客提供更多服務？」
「我該如何成為更好的指導者？」
「我該採取什麼行動來幫助他們成功？」
「我該如何為其他人的生活增添價值？」

服務的心態是QBQ精神不可或缺的一部分，而這些優勢會擴展到我們人生的每一個領域。服務會加強關係，也會建立信任。無論是在職場上或是在家庭生活中，它都會讓我們成為更有影響力的領導者，也會為我們服務的對象（以及我們自己）增加生活的價值。最重要的，可能是為別人服務而帶給個人發自內心的滿足和喜悅。

QBQ

16

服務與謙沖

僕人領導（Servant Leadership）[1]。已經有很多人寫過關於這個主題的書籍。然而，有些人還是很難接受這個概念，因為他們相信服務是表示自己地位比較低下的行為。但實際上並非如此。還有人一聽到「僕人領導」，就認為這是一種矛盾修辭法，也就是兩個本身意義互相衝突的單字或名詞構成的辭彙，就像：

雙人玩的單人牌戲（Double Solitaire）

文明的戰爭（Civil war，也就是「內戰」）

舊新聞（Old News）

無偏見的意見（Unbiased Opinion）

實習教師（Student Teacher，還在當學生的老師）

合法的訴訟（Legal Brief）

大小孩（Adult Child）

很漂亮的醜（Pretty Ugly）

以上都是一些有趣的例子，但是「僕人領導」並不真屬於這類名詞。從QBQ的觀點來看，「僕人領導」的意義就是體認到謙卑是領

---

1 即領導者將自己視為僕人的態度。

導的基石。完全是一種「我的存在是要協助你達到你的目標」的態度，而不是「這裡由我做主，你來這裡就是要聽從我的指揮」。

當然，不見得每一個扮演領導角色的人，都能將服務看成是工作的一部分，但是好的領導者往往做得到。

激勵人心

一九八六年二月，吉姆．史達頓雇用我，負責推銷領導力與業務訓練的課程。這是我的第一份業務工作，我的任務是要招到二十名業務經理，參加一場收費五百美元、為期兩天的研習課程，預定五月開課；只剩三個月了，我不得不學快一點。

我開發可能有興趣的客戶，打電話約時間拜訪，非常努力地工作。不過到了五月，只有九個學員報名。開課第一天，我感到很氣餒。那次訓練課程由吉姆主導，而我就在一旁見習。布置好教室之後，我們還有幾分鐘的時間，等待參加的學員來上課。

吉姆環顧了教室，說：「約翰，你知道嗎，我看到二十個。」

我有點困惑地說：「吉姆，二十個什麼？」

他回答：「我看到教室裡有二十個學員。」

我向他解釋：「吉姆，我只賣掉九份教學課程耶。」

他微笑著說：「我知道，但是我看到二十個學員，因為我知道你做得到！」

他主持課程，而我學到了很多。吉姆的表現令人驚嘆，我也看到有些業務經理的人生從此改觀。有個學員告訴我，他本來準備要承認自己不適合當經理，打算回去基層跑業務，但是我們的研習課程重新燃起他的希望與信心。那次的經驗更加深了我的信念，知道我為客戶提供的是什麼。

我們下次的課程排在七月，只剩下六十天的時間。我這輩子工作從來沒有那麼拚過，就好像在修一門叫做「吃閉門羹」的課程。如果你做過業務工作，就會清楚我的意思。記得有一天，我打了七十五通電話之後（只找到六、七個人，而且全都拒絕了），我一個人坐在辦公室裡，垂著頭靠在辦公桌上，喃喃自語：「這真是不可能。」

但是，等到七月來臨，我賣掉了十六張票。有進步，不過仍然沒有達到二十個人的目標。同樣地，課程開始之前，吉姆又走過來對我說：「約翰，我看到二十個學員。」我的第一個想法是，這位先生真的需要買個計算機。他繼續說：「我看到二十個學員，因為我相信你做得到。」好吧，吉姆，或許我做得到。

三十天後，我主持了一場有二十二名經理參加的課程，接下來的兩年，從來沒有一次課程人數少於二十個。

是的，我需要相信自己以及自己的潛力，但我也需要有人協助我養成這樣的信念。我需要有人將他對我的信心注入到我身上，而這正是吉姆對我做的事。這需要他願意謙和對待，但我聽到「我相信你！」這樣的訊息，又響亮又清楚，而這帶給我強大的鼓勵和重大的改變。

你發送給周圍的人什麼樣的訊息呢？往往，我們發送出來的，並不是像「我看到二十個學員」、「我相信你做得到」這種鼓勵人心的正面訊息，反而是令人沮喪洩氣的懷疑訊息，像是：

「你有仔細檢查過數字嗎？」

「你對客戶說了什麼？」

「你為什麼那樣做？」

「還是讓我來處理這件事比較好。」

「你為什麼不能及時把工作做好？」
「你什麼時候才會採納我的建議？」

以上的每一句話都是在表達：「我懷疑你的能力」、「我不確定你做得到」，或是「我不相信你可以做出最好的決策」。當我們透過語言與行動，將諸如此類負面消極的訊息傳達給周遭的人的時候，我們帶給別人的是傷害而不是幫助。而這適用於我們每一個人，無論我們的頭銜或職位是什麼。

激勵人心是一件不容易做到的事，也是一種很有效的服務。無論是在職場上還是在居家生活中，讓我們學習像吉姆一樣謙沖為懷，願意為別人服務吧，多問這樣的ＱＢＱ：「此時此刻，我能做什麼來幫助身邊的人成功？」

激勵人心是一件不容易做到的事，
也是一種很有效的服務。

QBQ

17 提供服務的不是組織，而是個人

提供卓越服務的事例（像是吉姆和賓氏公司的克莉絲蒂）似乎是例外，而不是常態。看看以下這些典型的情節，你是不是很熟悉呢？

我坐在一家餐館裡，和幾個朋友聊天。服務員過來時，我興高采烈地問：「最近的沙拉有沒有什麼新奇的口味？」她怎麼回答的？「大多數人都自己看菜單。」天哪！

❖

藥局打電話來，說我的處方藥配好了。我在一個鐘頭之後抵達，看到兩行長長的隊伍，於是我選了一行去排隊，等了很長一段時間。終於輪到我的時候，櫃檯職員翻遍整個籃子，尋找我的藥單。找了半天沒有結果，他說：「先生，請問您的姓名有沒有顯示在我們牆上的電子螢幕上呢？」

「我不知道。」我說，「但你打電話告訴我說東西好了，所以我就立刻過來了。我已經等了好一陣子。」

聽到這裡，他指一指我的左手邊，說：「對不起，您必須先登記，再排那邊的隊伍。」我轉過身，看到另一行隊伍現在已經排得好長，最末尾的那個人已經排到鄰縣境內了。你不是說真的吧！

❖

我正在和我的保險經紀人講電話，討論申請理賠的事。我告訴他剛剛發生的車禍過程，以及我在事後採取的步驟。他說：「看樣子，我好像必須到您府上，我們把條款再看過一遍。」重新看過條款？

差勁的服務……會搞砸人的心情。沒有任何公司膽敢聲稱：「幹嘛需要客戶服務！」事實上，大概很難找到任何一家公司不把「服務」當成核心價值觀之一。然而，問題還是存在。為什麼？其中一個原因是我們忘了這個真理：

提供服務的不是組織，而是個人。

個人負責提供卓越的服務，而組織的責任就是全力支持他們完成這項努力。別忘了，**在顧客眼中，企業的好壞完全取決於當下和他們互動的那個人**。換句話說，那位客服人員就代表了整個組織。

無論我們如何定義顧客，是購買產品或服務的某個人，或是擴充定義對象，包括我們的同事、部屬，甚至朋友和家人，即使其中只有一個人感受到「差勁，好差勁的顧客！」這樣的訊息，都是讓人承受不起的，絕對會把顧客趕走。

不要問這樣的爛問題：「顧客為什麼不按照規矩來？」讓我們學習問QBQ，像是：「此時此刻，我該如何為這個人提供最佳服務？」「我該說些什麼話，才能讓他們安心自在？」以及「我該如何讓這名顧客感受到特別的服務？」這才是增加服務價值的方法。

QBQ

18 服務，這麼做才對

葛瑞格和卡蘿夫妻倆正逐漸實現創業的夢想，他們在丹佛市開了兩家咖啡館。然而，其中一家店的表現不如預期。雖然他們煮的咖啡風味極佳，個性也讓人喜歡，但店面的地點很糟糕，生意也就很難有起色。

一天早上，這家經營不善的店所在的地區停電了，簡直是雪上加霜！事情已經夠糟糕了，現在連開店都出現狀況，可說是損失慘重。

但他們沒有因此而心煩意亂或抱怨不已，葛瑞格反而考慮到所有要開始一天工作的人。他們沒有電、沒有熱水，更慘的是沒有咖啡！愛喝咖啡的人都知道，沒有咖啡因的早晨不只是不方便而已，簡直是大災難。

葛瑞格做了個決定：他開車到八公里外的另一家店（那裡仍然有電力），煮了五大壺咖啡。然後，他帶著咖啡回到停電的店面，在門外擺起桌子，為任何路過的人免費奉上咖啡。五大壺咖啡分送完之後，他又去載咖啡，一次又一次，直到沒有客人為止。

卡蘿告訴我這個故事，她說：「他一分鐘也沒想到自己，也沒想到我們在做賠錢的事。他完全沒想到要收咖啡錢；他只想要讓人們臉上露出笑容，而他做到了。其實，人們會很樂意付錢買咖啡，但葛瑞格說：『不必了！大家今天早上已經夠難受了。』」

多麼好的服務表現啊！做小生意的老闆碰到不幸的處境，很容易會有不同的反應，通常會問這樣的爛問題：「房地產經紀人為什麼會把這麼差勁的地點推銷給我們？」「這個地區的經濟狀況什麼時候才會有起色？」以及「為什麼我找不到好幫手？」但是，像葛瑞格這樣願意打從心底服務的人，根本不會那樣想。

順便提一下，讀者可能會以為，這家店會有童話故事那樣美好的結局，但實際上沒有。在商場上，現實是很殘酷的。以下是卡蘿接著說的話：「那家店一直沒有起色，也幾乎害我們破產。一年後，我們不得不關門大吉。但是，那附近的人永遠忘不了我們，而我也忘不了葛瑞格做過的事。」

在現實的世界裡，服務不見得能增加我們的收入、獲得升職、提高股價或挽救店面，但仍有可能帶來轉機。

服務，就是該這麼做才對。

服務不見得能增加收入、獲得升職、提升股價或挽救店面，
但仍有可能帶來轉機。

QBQ

19 服務的遺澤

一九七五年五月二十日，當時我十六歲，父親突然來到我下課後打工的加油站，讓我非常意外。他開著小貨車，哥哥也在車上，他們兩人看起來都不太妙。爸爸的臉色暗紅，哥哥則是臉色慘白。我永遠忘不了那種對比。爸爸說：「兒子，請你上車，和我們一起回家。」我告訴他，我會跟著回去，因為我自己有開車來。

他堅持說：「不必了，上車，和我們一起回家。」

我問：「可是，爸，為什麼？」我不明白，卻也感覺到一定是發生了什麼嚴重的大事。於是，我小心翼翼地問：「發生什麼事了？」

「你母親剛剛過世！」

我無法相信，也不願意相信。我試圖否認剛才聽到了什麼，雖然明知毫無用處，但我還是有氣無力地說：「爸，您是說外婆死了，對不對？」我外婆當時八十幾歲了。

「不，」他輕聲說，「大約一小時以前，你媽媽過世了。」

我母親當時才五十一歲，因為腦溢血而猝逝。在很短的時間內，毫無預警地，我們的生活就永遠改變了。經過了這麼多年，我們仍然思念她。

我母親逝世一星期後，是我十七歲生日。在我們家裡，媽媽總是會設法營造出生日的快樂氣氛。那個星期發生了這樣天大的事，不知道還有誰會記得我的生日，連我自己都差點忘了。那天早上，我在請假之後第一天回學校上課，正要離開家裡農場的時候，我父親正在車道另一頭挖個大洞準備種樹。我停下車和爸爸說了幾句話，但我們兩個都沒提到生日這件事。我開車出門，感覺寂寞無比。

早上十點左右，我聽到學校的廣播：「約翰．米勒，請到校長室報到。」我抵達校長室的時候，看見前台有個長方形的白色信封，封套上是我父親一向喜歡用的黑色富雷墨水筆的字跡，寫著我的名字。我知道那是什麼——生日卡片。我拆開信封，卡片上寫著：「親愛的約翰，十七歲生日快樂。我愛你，兒子。我們會度過這個難關的！」最後署名「爸」，卡片裡還夾著一張二十美元紙鈔，而他當時手頭很緊，其實根本沒有閒錢給我。

我很難想像他當時的心情：突然失去了陪伴他超過二十五年的最要好朋友。然而，儘管他腦海裡和心頭上有那麼多事情要思考，他竟然還願意放下農場工作，換好衣服，開十來公里的車去買生日卡片，寫上他的祝福，再開將近五公里的路到學校，將他的驚喜送到……這一切只為了證明他愛我。

他不是一個完美的人，但許多年前的那一天，他做了一件完美的事。當然，那二十美元早就花掉了，但他為我創造的記憶，卻能永遠留下來。

二〇〇二年四月，我爸爸米勒牧師逝世，享年八十歲。他的喪禮在他講道多年的教堂內舉行，現場擠滿了前來悼念的人，大家只能站著。喪禮結束後，凱倫、孩子們和我多逗留了三個小時，教堂裡的教友、以前受教的摔角選手（他也在康乃爾大學當了二十六年的摔角教練）、鄰居和朋友，講了一件又一件我父親為他們做過的事。

「我的車壞了，他在凌晨兩點鐘過來接我。」

「我當時身無分文，他給我五十塊錢買食物。」

「當時快下雨了，他幫忙我把乾草搬進來。」

「每天下午，他都在療養院，彈鋼琴給我們的病患聽。」

這時候我才了解到，爸爸曾經為許多人服務過，大家永遠記得他，也懷念他。

我們每個人都能做到同樣的事。賓氏的客服代表克莉絲蒂、我的業務經理吉姆、咖啡館老闆葛瑞格，還有一位名叫吉米的父親，因為他們做了原本不必做的事，改善了周遭人的生活。

我們要以他們為榜樣。只要問這個QBQ：「我該如何為他人提供更多的服務？」我們就能發揮個人擔當的力量，並且累積留給後人無形的財富。

只要問：「我該如何為他人提供更多服務？」
就能發揮個人擔當的力量，留給後人無形的財富。

在為客戶提供服務時，你會一切秉公處理還是有所彈性？

根據QBQ精神，你會如何增加個人的服務價值？

想想你周遭的人，有人具體實踐了QBQ的精神嗎？
請寫下對方影響你的觀念與行為。

優勢原則五

信任

QBQ

20 信任，操之在我

信任為我們的人生提供了非常美好的優勢，它會打造出堅強關係的基礎，無論是在職場上或是在個人生活中，這都是順利成功的關鍵。有了信任，我們就更能敞開心胸溝通，效果也會更好；我們會更有創意，更能齊心協力；我們的團隊會更強大，更有生產力；我們的家人也會比較快樂。對於自己所做的每一件事，我們都會找到更多滿足感。

問爛問題的時候，我們不能建立信任：

「你為什麼不和我多談談？」

「我的孩子什麼時候才會聽我的話？」

「我的員工（部屬）為什麼不肯坦誠溝通？」

「誰該為這件事負責？」

「他們什麼時候才會說清楚到底是怎麼一回事？」

問QBQ的時候，我們可以建立信任：

「我該如何真正了解你？」

「我該做什麼才可以更了解孩子？」

「我該如何建立員工（部屬）對我的信心？」

「我該做些什麼來帶動我們的團隊？」

「我該如何更清楚地了解狀況？」

建立信任的方法有很多，但我們必須先相信，這麼做是我們的工作，我們個人要負起責任。信任會從我們個人的行動開始累積成長，我們每個人都有責任，在我們的關係當中建立信任。

領導者應該留意的警訊

「在你的組織裡，信任有多重要？」每次我向一個團體問這個問題的時候，大多數人只是發出哼聲。這種不滿的低吼聲音，已經說出了答案：「不怎麼樣。」對任何領導者而言，這應該都是個警訊。還有兩個徵兆必須注意，就是沉默和譏諷。

說到沉默，我的意思是不明確說出擔心或異議，不提供任何建議和想法，或者不自在地直言。每個人都有自己不願意講出來的理由。但如果你發現自己在納悶「為什麼人們不肯說出意見來」，那麼你可能必須轉移你的焦點，問問你是不是已經建立了某種文化，讓他們感覺可以隨意自在地發表言論。有一次，我到一家因為景氣不佳而元氣大傷的公司演講，後來，我收到這個電子郵件：

在我們公司，如果你提議什麼不太恰當的事，大家很快就會指責你不「合群」。我們已經被命令兩次，不准質疑公司所做的任何事，因為我們都必須「一起工作」。

像這樣的環境，很少有人願意講話，也是必然的。但是，公司必須為此付出極大的代價，例如：生產力下降、錯過商機、士氣低落、人員流動率高等，不勝枚舉。

比起沉默不語，冷嘲熱諷可能更糟糕。諷刺和懷疑的態度並不一樣，抱持懷疑態度的時候，我們會懷疑某件事的真實性，或是某個概念的可行性。這樣的態度是對事不對人，有時甚至可能頗有助益。然而，譏諷則是對人不對事，這對很多公司都會造成極大的傷害。這時候，我們往往會質疑某個人的企圖、誠心及善意。以下是同一個電子郵件的下半部文字：

同樣可笑的是，管理部門竟然會請您來演講，和我們談個人擔當。但願您看清楚我們的「團隊」還剩下什麼，公司縮編了四成，但幾乎每一個副總都還留在位置上！經過這一切，我們如何能信任並且尊重管理階層呢？

答案是，這些人大概做不到。像這樣的狀況，可能很難讓人們建立信任。最佳的策略即一開始就要努力，讓警訊沒有出現的機會。問QBQ：「我今天能做些什麼來建立信任？」然後著手去做。

我們不能等待別人，信任要靠我們自己來建立。

信任會從個人的行動開始累積成長，
我們每一個人都有責任，在我們的關係當中建立信任。

QBQ

21

建立信任的方法

建立信任的方法有很多，我們現在來探討其中幾個最好的方法。

說實話

雪洛很可能成為我們的客戶，我想要問她一個問題，但我怕這話聽起來太刺耳，因此猶豫了很久，才終於說：「我想要問你一件事，但我不曉得要怎麼開口。」

她的回答非常明智：「為什麼不按照你想的那樣，直接說出來？」

講出來就是了，說實話就好。多麼了不起的想法！

誠實是建立信任強而有力的工具。這就是說：「我尊重你，你有權利知道。」此外，願意講出來（以及聽進去），就清楚地表現自信。

大多數人從小就被教導要說實話，但我們真的就會說實話了嗎？在一個訓練課程中，業務副總裁和六名區域業務經理談論他們的產業正在經歷的變動。他們有一些殘酷的消息，需要向跑外面的業務員宣布。突然間，就像醜聞纏身的政客一樣，有個人說：「對於這個問題，我們能編造出什麼樣的情節，好讓業務員願意相信？」

我們講話經常使用代碼暗語，拐彎抹角。我們避免說實話，只是為了表示禮貌或保持形象。也許我們害怕衝突，也許我們受不了當「壞人」。我們聲稱，比較不直率坦白是為了保護別人。但其實我們是在試圖保護自己，避免說實話的痛苦。試舉幾個例子：

- 某個經理告訴員工：「沒有輪到你加薪，因為你的年資還不夠。」而不是坦率地討論需要加強的關鍵能力。
- 教練告訴球員：「你們打得很好，但是主辦單位做了很多差勁的判決。」而不是說別的球隊就是表現得比較好。
- 父母告訴孩子：「老師對你不公平。」而不是直接指出孩子讀書習慣不佳。

無論動機是什麼，重新編造原本要表達的訊息，對於建立信任有嚴重的殺傷力。說實話，即使會刺傷人，它仍然是最好的方法。只有實話，才能建立信任。

找對人說話

你知道「三角關係」是什麼嗎？即使沒聽過這個詞，你也一定看過這種行為。這就是甲對乙不滿，但他沒有直接找乙說，而是向丙說乙的事。然後，有時候丙會告訴乙，甲說了些什麼。看懂了嗎？

發洩是一回事。有時候，對第三者「吐苦水」，會是處理最初挫折感的最佳方法。此外，有一部分的感覺可能是我們自己個人的問題，因此根本不需要直接表達給對方知道。但三角關係是完全不同的一回事，而且可能造成真正的問題。即使表面上看起來沒有壞處，但事實上這耗費了時間和精力，又解決不了問題，還導致心靈受傷，進而造成不信任。你會比較信任誰？是在背後講你的人，還是直接來找你談的人？

和什麼人有問題嗎？直接找當事人談，而不是找其他人。當然，你也要拿出QBQ尊重與謙和的精神，也許需要用一點圓融的技巧，但必須兼顧誠實。這可能會比較困難，但這麼做有效多了，而且這也是建立信任的絕佳方式。

教導

維莉蕊在一家非營利組織工作，她說：「第一次擔任指導員，讓我感到極為惱怒，也非常沮喪。我常常會問很多問題，像是：『我們為什麼不能找一些可靠又忠誠的員工？』『我的夥伴什麼時候才能夠對我敞開心胸？』以及『他們為什麼好像一點也不在乎？』但是，經過QBQ的訓練課程之後，我才明白自己的心態有多麼偏差。我並沒有好好教導或協助我的部屬，而是責備和發牢騷，這只會逐漸破壞我和他們之間的關係。我的方式會損害團隊，也會阻礙每一個人發揮自己的潛力。

「現在我會問QBQ，像是：『我能做什麼來培訓部屬的能力？』『我該如何成為更有影響力的指導者？』以及『我可以做什麼來協助他們成功？』現在的成效是前所未有的開放坦誠，而大家也更能同心協力。我似乎已經獲得他們的信任，團隊運作也更為順暢。終於，我感覺好像做到我應該做的事：改變現狀！」

教導是建立信任的極佳方法。傾聽別人的目標與夢想，並且藉由分享知識與經驗，協助他們達成願望，這就好像在說：「我要你成功，我相信你。」

無論是擔任少棒隊的教練、教朋友一些簡單好用的祕訣、幫助孩子做家庭作業，或是領導你管理的團隊邁向新的高峰，教導都能建立長久的信任關係。

轉移授權

那是一場大賽的關鍵時刻，輸贏非常重要。球正朝著你這邊飛過來……你望向球隊教練，高聲叫著：「老大！老大！我該怎麼辦？」

很荒謬的畫面，不是嗎？但這實在不應該發生。大家都知道，球場上的球員在那一刻需要自己做決定。遺憾的是，我們難以獲得充分的授權。以下是另一個情節：

上面指派你規畫與主持一場主管會議。你投入很多時間，找了好幾個人協調，也期望好好執行這個計畫。不料沒多久，你的主管表達他不喜歡你的計畫，並且告訴你，他現在會自己來主持這場會議。

你能想像嗎？應該可以，因為這種情節天天都在上演。這就像在玩溜溜球，託付給某個人的任務，不料後來又被收回去。另外，當我們猶豫不決，或是緊迫盯人，確定案子執行的方式是否「恰當」（其實，只是想確認是否有用「我」的方式），也是同樣糟糕。以上兩種做事方式是信任的殺手。

真正得到授權的人，不需要先向主管報告再採取行動。主管千萬不要說：「帶著三個選擇方案回來找我，我們再一起做決定。」讓他們決定和行動。這樣雖然會有風險，但也會有更大的收穫，例如：更加負責、積極主動、發揮創意等。

充分授權是建立信任的好方法。當我們授權給別人去做決定和行動的時候（甚至要讓他們有犯錯和失敗的機會），我們已經將一個訊息直接傳送到他們心裡：「我知道你做得到，我對你信心十足。」

不要提出有損於信任的爛問題，像是：「你什麼時候才會把事情做對？」「難道我什麼事都要自己來？」讓我們利用QBQ建立彼此的信任，像是：「我如何才能放手讓他們去做事？」

支持別人的夢想

我年輕時的記憶，都和摔角運動有關。我父親是一流的摔角運動員，還是常春藤名校的教練，所以從小我就自然而然地要練摔角。父親和我都夢想能將這個傳統延續到下一代。但等到我長大成年，結了婚，有了六個女兒，有摔角天分的卻一個也沒有！

我們的獨子出生的時候，我簡直欣喜若狂，想要幫他取名叫「希望」，不過，凱倫覺得「麥可」是比較好的選擇，我有把握說，麥可自己大概也有同樣的感覺。

麥可八歲時，我第一次帶他去練習摔角。沒多久，我就明白：一點「希望」也沒有！那天晚上，我們回到家之後，凱倫問：「麥可，好玩嗎？」

他立刻皺起鼻子，說：「媽，您知道嗎，那些男生渾身臭汗！」

到此為止，完了，他再也不曾踏上摔角墊。

我承認，一開始我很失望，還好不算太深。但就算我真的失望透頂，這也不會變成我們父子之間的問題，因為我已經向兒子做出這項承諾：我永遠不會強迫他選擇任何一條路，一切由他自己決定。

支持別人的夢想，說明我們尊重他們，也關心他們。這是建立信任強有力的工具。尤其是比起對於信任有殺傷力的言論，像是：「你真的認為你可以靠那個行業來維持生計嗎？」「你為什麼會想進那所學校？那可不是我以前念的學校！」還有「你什麼時候才會聽我們的話？」這向來都不容易，但我讓麥可做他自己，追求他自己的夢想，我知道有個信任關係正在建立起來，而且經得起時間的考驗。

順便提一下，我們唯一的兒子喜歡做什麼？表演藝術，像是：吉他、鋼琴、寫歌、舞台劇，還有舞蹈。是的，舞蹈。他讓我最感到驕傲的一刻，是在一次舞蹈比賽上，看他踩著輕快的舞步，踮起腳尖旋轉，在台上飛躍。參加比賽的有一百七十三個女生，只有兩個男生，而他是其中一個！麥可真的很有天分，如果他肯下工夫，我毫不懷疑他一定能出類拔萃。

讓我們每個人都能努力建立信任，請多學習發出這些訊息：「無論你選擇哪一條路，我都知道你可以成功！」以及「我尊重也欣賞你現在這個樣子。」

表現你的關懷

在建立信任的方法中，最有效的方法之一就是展現給別人看，我們打從心裡為他們做最好的考量。大多數人通常不會將這個特性和業務員聯想在一起，但琴恩可不是一個普通的業務員。

話說很久以前，電腦和網際網路還沒有出現的時候，琴恩挨家挨戶推銷百科全書。有一天下午，她去拜訪一對即將生下第二個小孩的夫妻。他們歡迎她進入小小的屋子，她注意到了，雖然室內收拾得乾淨整齊，但蓋在家具上的布套掩藏不住磨損的痕跡。電視機放在裝橘子的木箱上，窗簾則是舊床單改裁的。

在談話當中，年輕夫妻提出了幾個問題，表示他們真的有興趣買書。琴恩是個很有天分的業務員，當然會盡力表現，生動又清楚地介紹產品。結束拜訪時，這對夫妻簽下了一套豪華版百科，另附有地圖集、年鑑，以及一個兩層書架來安放他們的投資。

琴恩興奮極了！這筆生意一定會讓老闆和同事對她刮目相看，因為她將會「破紀錄」。她會是第一次成為這一區的第一名。第一名？多麼美妙的感覺和誘惑！

她回到車上，開始填寫相關文件。她看著表格上的文字，在方格裡打勾，在「子女數」空格裡填一。她大聲說：「很快就有兩個了！」然後她停下筆，抬起頭來。琴恩考慮到這個小家庭，以及他們真正的需要。做成一筆生意那種美妙的感覺開始消失。她盯著他們的支票，也想到要成為第一名的業務員。但是，她知道自己必須怎麼做。她深深嘆了一口氣，把支票撕成兩半，把合約摺好，放進一個大信封，然後在信封背面寫了幾句話。她把這包東西放進年輕夫妻的信箱，然後駕車離開。她是這麼寫的：「謝謝兩位對我的產品有興趣，但我想到新生嬰兒和這一切，或許你們可以暫緩訂購這套產品。如果你們仍然想要購買，請打電話給我。或者，如果我過幾年還在賣百科全書的話，我會回來幫你們下訂單。」

後來，琴恩一直沒有回去。在做業務員工作的同時，她完成了醫學院的課程，成為「琴恩醫師」。但我相信，假使她真的回去，她將會擁有他們完全的信任。當然她也會得到我的信任。

表現出我們的關懷，是建立信任的基本條件。我們在這一章討論到的每一項建立信任的方法，都能送出關懷的訊息：說實話、教導、充分授權，以及支持人們的夢想。這些說的都是：「我尊重你，也關心你。」而且在在展現出我們重視別人，由衷希望他們成功的心態。

讓建立信任的方法化為行動吧，這將會協助我們建立堅強的信任關係，而我們每一個人都有責任這麼做。當我們為自己的行動負責的時候，當我們實踐個人擔當的時候，當我們持續不斷投入時間培養信任的時候，信任將會與日俱增，而我們的人生也會因此更加豐富。

QBQ

22

信任需要時間

我和妻子凱倫養育了七個小孩，排行前頭的四個（克莉絲汀、塔拉、麥可、茱莉）是我們親生的，後頭三個小的（夏琳、潔姬、塔莎）是收養的。她們是三姊妹，被有毒癮的父母遺棄之後，透過領養關懷中心而來到我們家。成為我們家庭一份子的時候，她們最大的還不到六歲。

我們新認養的女兒搬進來後沒多久，有一天，凱倫正在花園裡忙著，她們在附近玩耍。凱倫不知道其中一個女兒闖進了草皮範圍外的「禁區」；它之所以成為禁區，是因為那裡長滿了一種叫做刺蒺藜的雜草，有著非常尖銳、硬得像釘子的刺，從地面筆直伸上來。五歲大的女孩誤闖進去，絆了一跤，整個人往前摔倒，掌心朝下壓在刺蒺藜上，簡直痛得無法形容！但是，她的反應並不是如你想像的那樣，哭著跑去找爸爸或媽媽。接下來的半個小時，她一個人到處亂走，眼裡充滿淚水，自己忍受著痛苦。終於，凱倫遇到她，不敢相信自己眼前見到的情形：二十幾根尖刺插進她幼嫩的小手。簡直令人心碎！

我們向一名兒童心理治療師說起這件事，我們問：「事情發生的時候，為什麼她沒有來找我們其中一個？」

諮商師回答了實話：「她不信任你們。」

我們的第一個想法是，怎麼可能？我們給了她一個家、安全感、食物、玩具，最重要的是還有愛！但事實是，在她年幼的生命中，她已經學到，她無法預期權威形象的「大人」會有什麼反應。可能會吼叫、生氣，還是會說出難聽的話，所以她學會封閉自己。需要一段時間，而且是很長的時間，她才會信任成人。

刺蒺藜事件已經是幾年前的事了，小女孩們在這段時間改變了很多。如今她們更願意打開心胸，更愉快，也更能信任他人。我們在她們身上看到了成長，這並不是證明凱倫和我的努力，而是證明了建立信任需要時間，沒有捷徑。即使我們都做了「對的」事，信任仍然不可能在一夕之間建立起來。

我們從養女身上也學到很多關於信任的事。其一是，信任是脆弱的，只要一次傷害或失望，就有可能在瞬間破滅。想要重建已經破壞的信任，將是無比困難的工作。

此外，信任是一種心態，一種伴隨著可期待、可預測而產生的信念。當我們說「我信任你」的時候，其實是在說：「根據你過去的行為，我預料你會採取對我最好的行動，你不會傷害我，或是讓我失望。」如果在組織裡，或許就可以理解成：「我對你有信心，你會把這個專案做得很好。我信賴你，我可以放心把工作交給你。」

信任關係帶來的收穫，可能遠遠超過我們在本書中討論過的任何事物，而且這些不是輕易或快速就能獲得。所以，要有耐心，要能持之以恆。而且，最重要的是要有心理準備：**建立信任必須投入時間**。

「沉默」和「譏諷」是領導者必須注意的警訊，這代表存在「不信任」。
身為領導者的你，會如何運用QBQ來建立部屬的信任感？

第二十一章中提到了建立信任的六個方法，
請寫下你建立信任的方法，以及獲得的成效。

實踐優勢原則

QBQ

23 像萊利一樣樂在其中

在本書中我們談到，問QBQ就像是啟動開關，能夠釋放出個人擔當的力量，透過學習、負責、創意、服務及信任這五項修練，獲得人生的優勢。我們分享了許多活用這些優勢原則的例子，也說明了這如何為我們做的每件事帶來強大的優勢。

這裡還有一個故事，是經常出差的托姆告訴我們的。他的故事充分說明了啟動QBQ開關的價值。

晚上十點鐘，我在新墨西哥州的阿布奎基，經由鳳凰城轉機回土桑市的班機，因為天候不佳而延遲。我預定的抵達時間變成了凌晨兩點。但是，狀況很快有了改善，這都要感謝一位名叫萊利的機場航警。無論是哪裡的機場航警都應該向他看齊。

當時，萊利正在指揮旅客排隊，通過行李X光與安全檢查。這本來沒什麼稀奇，但讓人驚訝的是他熱情看待自己工作的方式。他並不是制式地指揮旅客排到第一條人龍或第二條人龍，而是向三十幾名疲憊不堪的旅客愉快地自我介紹：「大家晚安，我叫萊利。今晚由我協助各位通過安全檢查。我想，大家都知道，今天剛好是我的生日！」

嗯，我感受到他的熱情，忍不住大聲回應：「萊利，生日快樂！」他咯咯地笑著說：「今天其實不是我的生日，我只是喜歡受到大家格外地關注。」然後，就像高級餐廳的帶位服務生那樣，他問隊伍裡的旅客：「請問有幾位貴賓？」

我們回答：「三位。」

他又問：「吸菸區？還是非吸菸區？」

這時候，工作人員另開了一條新線。他一面揮手請幾名旅客過去，一面學著電影《海底總動員》（*Finding Nemo*）的情節，唱著：「繼續游呀、繼續游，繼續往前游！」大家都笑開了！看到萊利的熱情感染了現場疲憊的旅客，我不禁打從心裡佩服他。然後，他又對我身後的一批旅客說：「嗨，大家好！我是萊利！」這群人也熱情地齊聲回應：「萊利，你好！」隨著他們走向安檢門，他興高采烈地向旅客講解注意事項。我繼續走向閘門，聽著萊利的聲音漸行漸遠。

而最精彩的部分，還是看到在附近執勤的其他航警，他們隔著一段距離，面帶微笑，希望能像萊利那樣樂在其中，卻不知道該怎麼做。說來真是遺憾，阻礙著我們，讓我們不能像萊利那樣樂在工作的唯一因素，竟然是「自己」。

這個故事是將個人擔當化為行動的精彩範例。不要問爛問題，像是：「這些人什麼時候才會搞懂規則？」「為什麼我不能擁有更高的薪水？」以及「是誰陷害我，讓我在這個糟糕的時段值班？」萊利具體表現出個人擔當，因為他問的是QBQ，像是：「此時此刻，我該如何服務這些旅客？」以及「我要如何展現我對工作的熱情？」他做的選擇是在那天晚上開懷快樂地工作，而他的決定也為許多人帶來愉快的心情。

萊利的例子證明了優勢原則的力量。他運用創意，讓身旁的人感受到愉快，表示他為自己的工作態度與職務負責。他提供了顯然發自內心的良好服務，建立他和旅客之間的信任。我敢打賭，他一定致力於終身學習。像萊利這樣的人，很少會自認為學得已經夠多了，而總是不斷地自我提升。

實踐優勢原則，讓萊利在同事中顯得突出，而且大家都看得到他的優勢。雖然我們不知道這會不會為他的考績帶來「優等」（就像我們在第一章提到的比爾），或是讓他升職，但也不難想像，對人生表現出這種活力與熱情，將會帶來哪些個人優勢。對任何人來說，像萊利一樣樂在其中，都是值得努力的目標。

最後，這個故事提醒我們採取行動的重要性。在本書裡，我們一再看到個人擔當如何帶給我們優勢，讓我們人生的幾乎每個領域都受益無窮。但是，沒有努力，這些變化都不可能發生。電力不會像魔法一樣無中生有，點亮我們的家庭與公司；同樣地，個人擔當也不會像魔法一樣出現在我們的人生裡。這都要靠我們自己去努力，我們每一個人都必須挖掘溝渠、埋設管線、安裝電器設備，而且最後還要啟動開關。

隨著我們一起學習的時間接近尾聲，還剩下最後一個問題——最後一個QBQ，提供給讀者自己思考：

今天我能夠採取什麼明確的行動，在我的人生中釋放個人擔當的力量？

請問問自己這個問題，啟動開關，親身體驗一下QBQ優勢原則將會帶來什麼樣的影響！

附錄

將優勢原則付諸行動

（二十九則值得討論的ＱＢＱ問題）

下列問題與練習可以自己一個人做，也可以用來激發團體的討論。這項設計是針對我們在本書中探討過的內容，鼓勵讀者進一步思考，並且協助讀者將優勢原則的了解轉化為實際的行動。

個人擔當與ＱＢＱ

第二章：

1. 對你而言，個人擔當的意義是什麼？
2. 目前，你在生活中扮演哪些領導角色？

3. 構成QBQ的三個指導原則是什麼？

4. 列出你曾經問過的五個爛問題，然後將問題轉換成QBQ。

學習的優勢原則

第三章到五章：

5. 在學習的五個障礙當中，哪一個是你最大的障礙，而它又對你造成哪些困擾？

6. 你是否曾經因為排斥的心理而沒有聽從別人的意見？從這些意見中，你有可能學習到什麼？

7. 你認為自己理應得到什麼？這對你的人生有什麼影響？

8. 有哪些教訓是你一直嘗試與他人分享，但其實可能更適用在你自己身上？

9. 在蘿蘋的故事中，我們發現學習等於改變。你自己現在將會做出哪些改變？可能會有什麼收穫？

負責的優勢原則

第六章到十二章：

10. 找出你人生中的一個困境難題。問自己：哪些爛問題妨礙了你為這個狀況負起責任？反過來你也可以問：哪些QBQ能夠幫助你負起責任？

11. 再讀一次第七章〈指責的遊戲〉。你在哪些方面責怪過別人？這對你有什麼影響？

12. 參考第八章，「都是他人的錯」的心態會對你和你的組織造成什麼損失？

13. 在第十一章中，我們談到對於工作上的人身安全「負起責任」的重要性。這種「負起責任」的態度，會為你人生中的哪些方面帶來好處？

14. 你是否曾經使用過終極藉口——「這不是我分內的工作」？既然已經讀過關於負起責任的意義，你會如何以不同的方式來處理這種狀況？

15. 你是否曾經將負責的原則發揮過度？這為你造成了哪些額外的問題？

創意的優勢原則

第十三章到十四章：

16. 你會問什麼爛問題妨礙你實現創意？你能問什麼QBQ，讓創意變成生活中更自然也更常見的一部分？

17. 想想你今天面臨的某一個狀況是否可以運用創意改善。你有可能採取什麼行動，發揮更大的創意？

18. 為了達成你在職場上和生活上的目標，你相信自己欠缺什麼需要的工具和資源？你可能利用什麼方式來達成這些目標？

服務的優勢原則

第十五章到十九章：

19. 你從賓氏公司的克莉絲蒂身上學到了什麼？你如何將這點運用在自己的生活中？
20. 想想你曾接受過的最差勁顧客服務。這種服務讓你感覺如何？
21. 你認為咖啡館老闆葛瑞格那天早上做的事是對的嗎？換成是你，你會怎麼做？
22. 你是否知道哪些人需要鼓勵？你能做些什麼來幫助這些人？
23. 服務留下的無形資產為什麼是個值得努力的目標？
24. 你今天能為別人做些什麼原本不必做的事？

信任的優勢原則

第二十章到二十二章：

25. 關於信任，有什麼具體的概念是你覺得最難接受的想法？為什麼讓你覺得困難？

26. 在你家裡或是工作場所，是否有沉默不語或冷嘲熱諷的狀況存在？你能採取什麼步驟來排除這些不信任的警告徵兆？

27. 你是否曾經在某人執行工作的時候，在旁邊緊迫盯人？如果有，你認為這對他們有什麼影響？

28. 找出在你生活中目前發生「三角關係」的例子，這造成了什麼影響？

29. 想想在你認識的人當中，有誰真正打從心底關懷別人。從這個榜樣身上，你可以學到什麼關於建立信任的事？

Thanks to you for
being willing to flip
the QBQ! switch!
It makes all the
difference!
John A Miller
QBQ!

感謝你願意花力氣
啟動ＱＢＱ開關，
一切都會因此而改觀！

約翰・米勒

感謝篇

雖然我們在QBQ公司的同仁不斷努力減少指責、抱怨及拖延，但我們也知道，達成這個目標不可能只靠我們自己。我們需要各位讀者的參與！我總是驚奇地看到那麼多人相信個人擔當，也知道只要我們每一個人都能實踐個人擔當，世界就會變得更好。所以，我首先要向各位相信QBQ的讀者致上衷心的謝意。

此外，我還要特別感謝這些人讓我的生命更加美好：

大衛・藍文（David Levin）：我的寫作搭檔、好夥伴及指導者，他下定決心要尋求各種方法來協助我幫助別人。沒有他，我是不可能成功的。

貝瑞．尼維爾（Barry Neville）：我的出版經紀人，他比其他人更早察覺到，出版界很願意出版談「個人擔當」這類話題的書籍。他是對的；事實上，他大多數時候的敏銳度都是正確的。

普曼特南出版公司的約翰．杜夫（John Duff）：他是個性溫和的好人，他的信念與友誼讓我這個愛好自由的創業型作者進入一個更大的團隊。感謝他，我們如今才會和世界各地的讀者接軌。

珍．羅曼（Jane Rohman）與約翰．畢安可（John Bianco）：公關夫妻檔，他們永遠努力工作，發揮創意思考，還有重視與關懷。這樣的組合當然容易成功。

莫莉．哈瑪克（Molly Hamaker）：我們的撰稿專家。在我們創作這本書期間，她的指導（還有編輯整理）讓我們的表現更出色。

吉姆．史達頓（Jim Strutton）：他將一個沒有業務或教學經驗、活力充沛的二十七歲年輕人帶進訓練與開發的行業。吉姆是第一個冒險聘用我的人。

我的父親：有人叫他米勒教練，有人叫他吉米牧師。我們寫的每一本書似乎都要提到他。雖然我們在二〇〇二年失去了他（享年八十歲），但他的影響仍然存在，直到永遠。

孩子們：克莉絲汀、塔拉、麥可、茉莉、夏琳、潔姬和塔莎。七個了不起的孩子讓我成為最驕傲的爸爸。謝謝你們去每一家書店都要確定爸爸的書放在顯眼的位置，也謝謝你們——就是做你們自己。

還有，最重要的，感謝我在一九八〇年結縭的妻子凱倫。在迪斯可盛行的時代，我問她要不要去看電影；當年，我們都還不到二十歲。那仍然是我這輩子問過最好的問題，謝謝你說：「好啊！」

凱倫，你永遠是我最好的朋友。

QBQ！團隊聯絡方式

大衛．藍文

來到QBQ.com，你可以：

- 探索完整的QBQ訓練系統。
- 寄送QBQ！讚美卡片給某個你認識的人。
- 下載QBQ！求助按鈕，在最需要的時候提供QBQ給予激勵。
- 購買QBQ！相關書籍。
- 訂閱QBQ！快訊（關於個人擔當小故事的免費電子報）。
- 向別人推薦QBQ！網站，傳播關於個人擔當的訊息。
- 參加本站的個人擔當意見調查。

- 詢問邀請約翰・米勒到場演講的相關事宜。

QBQ公司

協助各組織使個人擔當成為一項核心價值。
美國柯羅拉多州丹佛市
電話：1-303-286-9900（國際）
800-774-0737（美國國內）
傳真：1-303-286-9911
電子郵件：staff@QBQ.com
網址：www.QBQ.com

只要啟動開關（問 QBQ），

就會產生不可思議的影響力量。

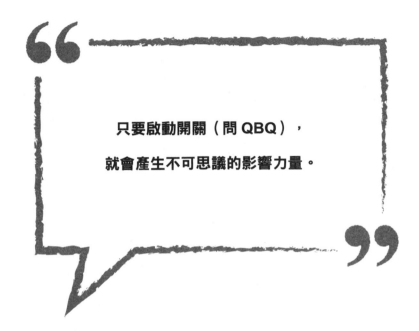

初版推薦文一

失敗者為失敗找理由，成功者為成功找方法

李紹唐（前甲骨文台灣區總經理）

二〇〇四年，第一本《QBQ！問題背後的問題》出版發行後，我讀完時感觸很深刻，並且經常向朋友推薦這本好書。大家都一致推崇QBQ的正面態度與觀念。後來，接獲遠流出版公司邀請我為第二本《QBQ！的5項修練》寫推薦文時，我便欣然答應，並樂意一同分享關於QBQ的個人觀點。

在社會上，遇事推諉、沒有擔當的人並不稀奇，抱怨別人一無是處的人也不稀奇，不知上進不肯學習的人更不稀奇。但是，要找到一

個肯吃苦耐勞、肯學習又認真、負責、還具有創意，加上凡事以服務為初衷的人卻很稀奇！

要做一個不甚稀奇的人很容易。學校老師沒教，大家都學得很快，也學得有模有樣。要做一個稀奇的人，其實也並不難，就是觀念轉個彎，態度調整一下。這些老師全教了，只是大家不願意老老實實地去做。

出了校門，不再有人在你身旁耳提面命：態度應該這樣，事情應該那樣；進入社會，不再有人拿出十足的耐心教你做功課，給你寬裕的時間學習，一切得對自己負責。像是一艘從未出過港的新船，要自己去遊歷汪洋大海。

經過多年的社會歷練，我個人認為凡事在於「態度」。當一個人的態度出現差池，哪怕他再傑出，都會有不為人所認可的部分。雖然說「QBQ」是一套關於處世的工具法則，但是書中更強調QBQ的優勢原則就是：「態度」。態度調正確了，可說是成功者為成功找方法；而態度不正確，就叫做失敗者為失敗找理由。

由於個人工作上的歷練，在日常生活中，習慣對問題採直接的「切片處理」。什麼是「切片」呢？就是單刀直入，直接洞察問題。一個被自己定義成問題的問題，當然不能視而不見、聽而不聞、思而不考，除非那是別人的問題，那就省著點，別管。話說回來，真正要嚴加管教的問題是關於自己。

要是自己能管的問題，不就不是問題了嗎？我們總是把全部的力氣用在對付別人身上，也許從未試過「想辦法對付自己」這個方式。當你把所有的力氣花在別人身上時，你會發現，問題總是永無止盡；如果你換個角度，把力氣用在對付自己的缺點上、用在自我提升上，頓時所有的問題都不再是問題，因為你將變成一個消融問題的人，而不是窮於應付問題的人。

我在外商公司工作的二十四個年頭裡，心中醞釀出一把尺，這把尺可以標示成功、失敗，可以度量優秀、平庸。我發覺常見的工作態度有下列三種：

第一種，永遠以個人利益為前提，脫開個人利益範圍的漠不關心。這種工作者往往將自己導向失敗。

第二種，以部門利益為重心，凡是對他的部門有益處的，他舉雙手贊成；反之他事不關己，己不關心。這種工作者通常有相當大的門戶之見，遇到橫向溝通時便會顯現堅持的立場。

第三種，以公司的利益為使命，懂得識大體，秉持這種大格局的工作態度，通常是公司最優秀的成員，也是可以擔大任的精英。

話說我個人的親身經驗，當年，我剛到上海的時候，想要買個日本進口的熱水瓶，於是我就近到淮海路的一家百貨公司去尋找，我接連問了三位售貨員都告訴我：「不知道。」我又繼續去問第四位售貨員，最後他才告訴我：「我們這裡賣的都是國產品，你要買進口的熱水瓶，應該到淮海中路的某家百貨公司去。」這下我才豁然開朗，並且牢牢記住這位售貨員，心想下次要購買國產品的時候，一定會來找他。

這個小故事卻印證了QBQ的精神，前三位售貨員的服務態度就是標準的「不管、不理、不說」，第四位才真正懂得服務的精髓。

在科技產品發達且各行各業進步神速的今天，服務品質和工作態度更應該加緊腳步跟上時代。在QBQ書中清楚明瞭地指出：個人要在生命過程中創造出自己的優勢，只要確實掌握「學習、負責、創意、服務、信任」的五項原則，必定能為自己交出一張亮眼的「人生成績單」。我相信！你呢？何不試試呢！

初版推薦文二

QBQ在星巴克的見證

徐光宇（統一星巴克公司總經理）

很興奮看到約翰．米勒的第二本著作《QBQ！的5項修練》在台灣上市，從上一本《QBQ！問題背後的問題》，我所得到最大的體驗就是「個人擔當」的信念，要實踐「個人擔當」的方法，就要先修練自己的想法，接著能問較好的問題，最後付諸行動。這本新書特別介紹「五項優勢原則」，就是學習、負責、創意、服務、信任。

首先，我想和大家分享一個統一星巴克的真實顧客案例。今年秋天，我收到一封顧客寫給門市夥伴的感謝信函：『我真的非常非常感謝您們，但不知如何感謝，所以就請您們吃餅乾囉！幾年以前，雖然考上研究所，但是卻失戀了，失戀的我生活一團亂，甚至無力到想放棄生命。那時剛好經過剛開幕的星巴克門市，雖然我不喝咖啡，但還是鼓起勇氣走進去，一進門後滿屋子的咖啡香加上您們親切的笑容及問候，馬上就溫暖了我低落的情緒。從此以後三年的時間，我常常都會固定到門市，喝一杯低咖啡因、低脂、半份糖漿的焦糖瑪奇朵，再去上課或是K書，今年我終於畢業了，而且找到很好的工作機會，所以我想要好好謝謝您們帶給我這一切美好的體驗。』

從上述的真實案例中，我們發現到《QBQ！的5項修練》已經落實在統一星巴克的企業文化及營業運作系統，和每位夥伴的日常行為當中。

學習：因為門市夥伴有專業的學習及訓練，讓這一位進到門市的顧客可以受到歡迎，而且留下良好的第一印象。

負責：門市夥伴了解到自己工作的責任，是要落實星巴克品牌承諾，提供每天鼓舞人心（Daily Inspiration）的咖啡體驗，豐富每個人的生活。

創意：門市夥伴會向顧客介紹如何點一杯客製化的飲料，讓顧客可以依照個人的喜好及需求，製作一杯完全屬於她個人喜歡而獨特的飲料。

服務：門市夥伴親切而真誠的服務，讓這一位顧客進到門市，就充滿溫暖與受到關懷的感覺。

信任：我們相信是因為這位門市夥伴專業優異的表現，可以讓顧客信任我們，而且願意坦誠和我們分享她的心情與感受。

統一星巴克的全體夥伴在工作中落實《QBQ！的5項修練》，最具體的展現就是用「熱情歡迎、誠心誠意、熱愛分享、貼心關懷、全心投入」的五項具體行為，在咖啡館的每日營運裡實踐。「綠圍裙的一天」就是要每一位門市夥伴，把自己當做是星巴克派對的主人；天天在面對顧客時，都可以透過即時服務、熱情互動、提升價值；而每位夥伴工作的目標，就是要建立友誼、創造差異、讓每一刻更有價值。

統一企業集團林蒼生總裁時常勉勵我們統一星巴克的夥伴，我們都是很有福氣的人處在一個「幸福行業」中，每天可以懷抱一顆熱情的心，在清脆嘹亮的傳杯聲（Drink Calling）中煮一份完美的濃縮咖啡、調和無懈可擊的熱牛奶、成就一杯幸福的那提，讓顧客享受星巴克體驗的感動；林總裁也說：「我們的工作，是透過一次又一次的人際真誠交流互動，結下善緣，成就無數功德，不斷傳遞幸福圓滿。」

我們期望統一星巴克的每位夥伴都能更有衝勁、更有活力，在每一個星巴克派對服務的時空中，可以展現最認真的自己，成為舞台上最亮眼可愛、受歡迎的一顆星星。

一杯咖啡的力量，可以是很偉大的。透過一個真誠的笑容、溫暖的問候及一杯好喝的咖啡，可以改變一個人的生命。我相信每位統一星巴克的夥伴，都已經深刻體會到自己這個小人物的生命，現在已經變得很有價值。

初版推薦文三

QBQ：行動決定一切

汪大久（台中明道中學校長）

約翰．米勒在《QBQ！問題背後的問題》一書中藉由提出更好的問題，當下做出更好的抉擇，採取行動，把事情做完、做好。

教育工作看似一成不變的作息、課程、活動等，實則瞬息萬變。因為，教育重內涵，教材是死的，教法是活的，後者實為學習成效之關鍵。學校行政的主要任務在支援教學。而教學，尤其是創新的教學，若要有效，必須有高效率的支援團隊。所謂「人生不如意事，十有八九」，當狀況發生時，QBQ提供了如何在當下採取最有效而且符合教學優先的處理原則和態度。在明道中學，我們不但用這本書辦理行政研習，更推薦給老師、學生，產生了很大的迴響。

管理學大師彼得・杜拉克（Peter F. Drucker）說：「過去的領導人是懂得說的人，而未來的領導人是懂得問的人。」這本《QBQ！的5項修練》引導讀者問恰當問題，實踐個人擔當，消除指責、抱怨及拖延。運用學習、負責、創意、服務及信任這五項優勢原則，提供我們未知問題的一系列答案。

本書有許多發人深省的真實案例，尤其是第七章與學校相關的討論或明智的建議，「指責永遠解決不了問題」、「學習改變你的世界」……像這些思考或描述，幫助我們重新檢討自己所處的心智狀態，也讓我們可以用更客觀的角度省視自己的想法，檢核自己的行動。

- 我所面對的問題或狀況是什麼？
- 我自己對這個問題的看法？

● 問題是怎麼發生的？

● 面對這個問題，我對自己說了什麼？

● 我告訴自己的是現實真正的狀況，或者是我希望事情應該有的模樣？

● 我認為更務實、理性、建設性的處理方法是什麼？

● 我該如何將我認同的原則付諸實行？

● 如何改變原先的自我對話來反映我的新角度？理性、清晰地思考，想法正面，行動就積極。

● 我期待什麼樣的結果？寫下明確、可測量、行動導向、務實、有時間限定的目標。

有兩種方法可以在生活中實現優勢原則，第一是運用ＱＢＱ，第二是實踐個人擔當。而ＱＢＱ是真正促使我們採取有擔當的想法和做法的關鍵。

真正的智慧不在於知道問題所在以及該做什麼，而在於進一步思考，從而採取明確的行動，釋放個人擔當的力量。

> 對敏於覺察的人，些微跡象就已足夠。
> 對那無心的人，一千個解釋仍然不足。
>
> ——《蘇菲之路》

封閉的心靈，很難有什麼發展。作為一個領導者，必須放下先入之見：

- 傾聽內心不斷學習、改變及成長的渴望。
- 覺察什麼是你可能的，成為你能成為的樣子。
- 學習帶來活力、熱情、創意，以及人生的趣味。

● 以正確的方法，明確的行動，確實去做必須做的事。

這本書以故事與實例帶出修練課題，這些栩栩如生的角色穿插在例證情節中，成功地運用QBQ，並且實踐個人擔當，引導我們行為準則五個基本的概念或價值觀。簡要地說，QBQ優勢原則就是：

學習：透過積極的個人成長與改變，活出有意義而且有活力的人生。要在生活中不斷學習，不要以為年紀的增長會自動帶來智慧。

負責：成為解決問題的人，以解決問題為導向而達到目標。凡事察驗，持守善美，明白別人的期望並切實做到。

創意：即使面臨障礙，受到現有框架侷限，也能找到達成目標的新方法。從新的角度面對需求、任務或構想，啟發更多不同尋常的解決辦法。

服務：幫助他人成功，增進附加價值，累積留給後人的無形財富。服務為生命帶來意義，服務的愈多，生命也變得更寬闊、更快樂。

信任：說實話，表現關懷；堅守承諾，言出必行，發展出令人欣賞的信任關係。

為自己的行為負責，實踐個人擔當，持續不斷地投入時間培養信任。

哲學家笛卡爾（René Descartes）說：「我解決的每一個問題，都成了一個模式，我以後用它來解決其他問題。」所以，改變要從思考模式開始，利用一些時間將優勢原則付諸行動。

本書〈附錄〉篇提供二十九則QBQ問題，可以協助讀者了解優勢原則之後化為實際的行動。畢竟，行動決定一切。如果沒有行動，就不是真正的學習。

初版推薦文四

這是一本值得推薦的好書！

凌健（七七讀書會會長）

這是一個行動的世界，這本好書幫助人們找到自己改進的方向，約翰．米勒讓我們看到，運用QBQ並且實踐個人擔當的有效策略。

《QBQ！的5項修練》這本書，引導讀者在職場上或家庭生活中，經由學習和練習，改變自己，讓事業和生活都更成功。

實戰智慧館 460

QBQ！的5項修練

實踐個人擔當，創造人生優勢

作　　者──約翰・米勒（John G. Miller）
譯　　者──吳鴻

執行編輯──陳懿文
校　　對──呂佳真
封面設計──萬勝安
行銷企劃──盧珮如
出版一部總編輯暨總監──王明雪

發 行 人──王榮文
出版發行──遠流出版事業股份有限公司
104005 台北市中山北路一段 11 號 13 樓
郵撥：0189456-1
電話：（02）2571-0297　傳真：（02）2571-0197
著作權顧問──蕭雄淋律師

2006 年 1 月 1 日初版一刷
2022 年 11 月 20 日二版五刷
定價──新台幣 280 元（缺頁或破損的書，請寄回更換）

ISBN 978-957-32-8376-8

ylib 遠流博識網
http：//www.ylib.com　E-mail：ylib@ylib.com

國家圖書館出版品預行編目（CIP）資料

QBQ!的5項修練：實踐個人擔當，創造人生優勢／約翰．米勒 (John G. Miller) 著；吳鴻譯 . -- 二版 . -- 臺北市：遠流，2018.11

面； 公分

譯 自：Flipping the switch : unleash the power of personal accountability using the QBQ!

ISBN 978-957-32-8376-8（平裝）

1. 行為心理學　2. 責任

176.8　　107017174